Ⓢ新潮新書

北中正和
KITANAKA Masakazu

ビートルズ

922

新潮社

はじめに

ビートルズほど多くの本が出版され語られてきた音楽家は他にいないでしょう。クラシックで最も有名な作曲家といえばベートーヴェンで、彼の名前はビートルズより知られているかもしれませんが、彼についての本ですら、数でビートルズの本に及ばないことは、大きな書店の音楽書のコーナーに行ってみればすぐにわかります。

伝記、作品解説、録音データ、学術書から、関係者の回想、ゆかりの土地の観光案内、来日時の行動や買物まで、書かれていないことはもう何も残っていないのではないかと思えるくらいです。

それなのにビートルズについての本を書いてしまいました。定説を大きく覆すような事実や資料が新たに発掘、発見されたからではありません。ポールと握手した以外、回想録が書けるほどビートルズと接触した個人的体験を持っているわけでもありません。

それなのになぜ?

矛盾するようですが、それはすでに数え切れないほど本が出版されているからです。本が増えるにつれて、重複を避けるための専門化が進み、細部の記述が詳しさを増しています。しかし皮肉なことに、細部に詳しければ詳しいほど、ビートルズの全体像がかえって見えにくくなっているようにも感じられます。

アメリカの音楽ジャーナリスト、チェット・フリッポは1988年の本『イエスタデイ――ポール・マッカートニー　その愛と真実』(P12)の中で「ビートルズの歴史ほど厳密さに欠ける科学はない」「ビートルズは、近年の歴史のなかでもっとも記録が不充分な社会現象」だと書いていました。

ビートルズほど報道された音楽家は他にいないのに「記録が不充分」というのですから、茶々のひとつも入れたくなります。しかもそれからすでに30年以上の歳月が流れ、さらにたくさんの本が出版されてきました。

確認したわけではありませんが1980年にジョン・レノンが暗殺されたとき、世界でいくつもの放送局が追悼のニュースでポール・マッカートニーの作った「イエスタデイ」を流したと言われています。ビートルズの解散から10年後にすでにその程度まで事実が忘れられていたのです。大手メディアのポピュラー音楽に対する関心はもともとその程度のものだったとも言えます。とはいえ作品そのものや主要な出来事の記録は事実として残っています。

ビートルズは20世紀最大の音楽文化現象として世界中に大きな影響を与えてきたグループです。彼らの音楽や活動は、60年代のイギリスの社会に深く根ざしていました。と同時に、特定の社会や時代を超えたところも持っていました。この本ではそれを少しずつ解きほぐしていこうと思います。

コード進行のここが新しかった、こんな記録を打ち立てた、などと分析的に語ることも研究としては重要です。しかしそれは空気が窒素や酸素からできていると説明するのに近い作業です。この本ではむしろ森林浴のようにビートルズの魅力を味わい、その背景や歴史に思いをはせ、かつて受けた印象やいま受ける印象について語ろうと思います。解散から半世紀以上経ったいまだから俯瞰的に見やすいことも確かです。

この本にはいろんな曲やミュージシャンが登場しますが、ほとんどYouTubeや各種ストリーミング・サーヴィスで見たり聞いたりできますから、確認しながら読んでいただくとわかりやすいでしょう。便利な時代になったものです。

ビートルズ

目次

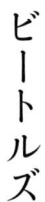

はじめに　3

序章　なぜビートルズだけが例外なのか　13

労働者階級　自作自演　世界で10億枚　変化し続けたグループ
「一過性」から「歴史」へ　政治的発言　前例のない文化現象

1 故郷リヴァプール
「マギー・メイ」「ペニー・レイン」をめぐる章　28

田舎者扱い　植民地貿易の拠点　奴隷貿易による繁栄　メルヴィルとモービー
イギリス初の鉄道　ビートルズの青銅像とゴレー通り　空襲による衰退　リトル・アメリカ

2 ジョン・レノンはアイルランド人か
「マイ・ボニー」「悲しみはぶっとばせ」をめぐる章　43

U2ボーノの発言　トニー・シェリダン&ザ・ビート・ブラザーズ　ドイツから取り寄せた25枚
民族と宗教　4人のルーツ　ベルト・ケンプフェルト　レイ・チャールズへの憧れ　ボニーとは
誰か　ロッド・スチュワートとスティング　アイルランドの音楽　ボブ・ディランの影響
新天地ニューヨーク

3 ミンストレル・ショウの残影
「ミスター・カイト」「フリー・アズ・ア・バード」をめぐる章 67
ジョン・レノンの祖父の経歴から　ブラックフェイス　イギリスでも流行　混血のサーカス団長と
ミスター・カイト　奴隷解放と黒人霊歌　ミュージック・ホール　BBCのミンストレル・ショウ
バンジョーを弾いていたジュリア

4 スキッフルがなければ
「レディ・マドンナ」「ハニー・パイ」をめぐる章 84
手作りの楽器を使い演奏　南部からシカゴへ　ロニー・ドネガン　エルヴィスにはなれなくとも
ジョンとポールの出会い　バディ・ホリー調　ブギウギ風のピアノ

5 作品の源流はどこに?
「ティル・ゼア・ウォズ・ユー」「イエスタデイ」をめぐる章 102
あらゆるタイプの音楽の影響　両親も気に入る曲を　ジョンもロック一筋ではない
「バス内の合唱」はロック以外の曲　「ポップ」の定義とは　ジャズ、R&B、カントリー
ビートルズ登場前夜　ロックンロールとロックの関係

6
カヴァー曲、R&B、ラテン音楽
「ベサメ・ムーチョ」「ツイスト・アンド・シャウト」をめぐる章　120
エルヴィスが壊した人種の壁　ジョージの「早熟」「通」　リトル・リチャード以後　黒人音楽のカヴァーの多さ　単なる模倣を超える　消えた「ベサメ・ムーチョ」　キューバ音楽「ソン」の影響　ラテン系リズムのヒット曲　音楽の歴史のうねり　「アイ・フィール・ファイン」もラテンだった

7
カリブ海、アフリカとの出会い
「蜜の味」「オブ・ラ・ディ、オブ・ラ・ダ」をめぐる章　143
大戦後に激増した移民　カリプソ歌手たち　スティール・ドラム　ハンブルクへの道　年齢詐称の入れ知恵も　舞台はマンチェスター　ジャマイカのリズム「スカ」　アイランド・レコード　ライフ・ゴーズ・オン　3度のレコーディング　ジャンルとして定着

8
60年代とインド音楽
「ノルウェーの森」「トゥモロウ・ネヴァー・ノウズ」をめぐる章　166
ロックの定義の更新　コーナーショップ　『ヘルプ！』に登場したインド人　何でもあり　『チベットの死者の書』　狂気を通訳したジョージ・マーティン　ラヴィ・シャンカルに弟子入り　ワールド・ミュージックの先取り　インド行き　ゴッドファーザー、ラヴィ

9 ふたつのアップルの半世紀
「ストロベリー・フィールズ・フォーエヴァー」をめぐる章　187

係争を繰り返した両者　モノクロからカラーへ　完成までに5週間　オリジナリティと創造性
強い共感　空想は現実より素晴らしい　「ビジネスの手本はビートルズ」

10 ビートルズはなぜ4人組か
「アイ・アム・ザ・ウォルラス」「ゲット・バック」をめぐる章　204

ハンブルクでは5人組　電気的なサウンド　放送禁止された「危険な」エレクトリック・ギター
電気エネルギー時代の象徴　既成の価値観が問われた時代　「彼らはお互いに属している」
青春物語の終わり　ヴァーチャルなバンドと幻の聴衆

おわりに　225

主な参考文献　234

写真提供
17 頁：Everett Collection/アフロ
21 頁：Shutterstock/アフロ
37 頁：Press Association/ アフロ
45 頁：Shutterstock/アフロ
71 頁：akg-images/アフロ
93 頁：AP/アフロ
125 頁：Everett Collection/アフロ
183 頁：アフロ
191 頁：ロイター /アフロ
223 頁：Capitol Records/Photofest/アフロ

序章　なぜビートルズだけが例外なのか

労働者階級

この本の読者でビートルズの名前を知らない人はいないでしょう。しかしあまり詳しくない人も多いと思います。そこで、ビートルズがどんなグループだったのか、最初に基本的な事実を確認しておきましょう。ビートルズについてよく知っている人は、とばしていただいてかまいませんが、少し踏みこんだことも書いてありますから、思い出しながら読んでいただくのもいいでしょう。

ビートルズが1960年代に世界で最も人気があり、影響力の大きいイギリスのロック・グループであったことに疑問の余地はありません。20世紀後半を通じて、そして21世紀のいまも、彼らの音楽は時の流れや世代を越えて聞かれ、カヴァーされ続けています。また彼らの足跡はその後の音楽や文化に大きな影響を与え続けています。

まずメンバーです。いまではもう名前を知らない人も多いようです。

ジョン・レノン（40年10月9日～80年12月8日） リヴァプール生まれ
ポール・マッカートニー（42年6月18日～） リヴァプール生まれ
ジョージ・ハリスン（43年2月25日～2001年11月29日） リヴァプール生まれ
リンゴ・スター（40年7月7日～） リヴァプール生まれ

これは62年にＥＭＩのパーロフォン・レーベルからデビューしてからのメンバーです。全員イングランド北西部の港町リヴァプールの生まれ育ちです。その前にはスチュアート・サトクリフやピート・ベストらが参加していた時期もありました。スチュアートはスコットランドのエディンバラ生まれ、リヴァプール郊外育ち。ピートはイギリスの植民地だった南インドのチェンナイ（当時はマドラス）生まれ。第二次世界大戦後、父親の出身地リヴァプールに戻って育ちました。

裕福な家の息子だったピートを別にすれば、他のメンバーは親戚や家族に大金持ちがいるわけでも、知識人がいるわけでもありません。ジョンが育てられた叔母の家は他のメンバーにくらべれば経済的に恵まれていましたが、広い意味ではやはり労働者階級の家庭でした。当時のイギリスの階級制度は厳しく、いくぶんかの誇張をこめて「労働者階級の若者が成功するには、スポーツ選手かミュージシャンかコメディアンになるしかない」と言われていました。ビートルズはまさにそれを体現したグループでした。

自作自演

彼らのヒット曲の多くは自作自演でした。主にジョンとポールが曲を作り、リード・ヴォーカルをとっていました。どちらが中心になって作った曲も、発表するときはレノン＝マッカートニー名義でした。数は多くありませんが、ジョージも自作曲をうたい、リンゴは主にポールが作った曲やカヴァーをうたっていました。

彼らのやり方は作詞家・作曲家・編曲家・歌手・演奏者の分業によって作られていたヒット曲作りの方法に新しい波をもたらすものでした。ジョンとポールは60年代前半に人気のあったニューヨークのソングライター・チームのキャロル・キングとジェリー・ゴフィンにあやかって、レノン＝マッカートニー名義で曲を作り、キング＝ゴフィンが作った「チェインズ」をカヴァーし、64年の渡米時には2人を表敬訪問したほどでした。しかしビートルズやボブ・ディランをはじめとする自作自演アーティストの台頭によって、ニューヨークのソングライターたちの活躍の場が狭められていったのですから、歴史とは皮肉なものです。

ジョンの「抱きしめたい」「ヘルプ！」「愛こそはすべて」「カム・トゥゲザー」、ポールの「シー・ラヴズ・ユー」「イエスタデイ」「ヘイ・ジュード」「レット・イット・ビー」、ジョージの「タックスマン」「サムシング」、リンゴの「イエロー・サブマリン」「ウィズ・ア・リトル・ヘルプ」など多くの曲がいまもスタンダードとして聞かれ続けています。ちなみに「イエスタデイ」をはじめとして、ビートルズはギネスブックで世界一数多くカヴァー録音されたグループに認定されています（４１３６回以上、２０１8年3月21日付）。

ビートルズの快進撃はセカンド・シングル「プリーズ・プリーズ・ミー」が全英ナンバー・ワン・ヒットを記録した１９６３年2月にはじまります。熱狂するファンは日に日に増加し、同年10月13日にロンドンのパレイディアム公演に集まったファンの熱狂を新聞がビートルマニアと名付けたことから、騒ぎは拡大の一途をたどりました。

この時点から70年4月の解散までのビートルマニアの過熱ぶりは、今日では想像しにくいかもしれません。デビュー・アルバム発表から2年間、イギリスのチャートの1位

1964年公開の映画
「ビートルズがやって来る／ヤァ！ヤァ！ヤァ！」の一場面

の4分の3は彼らのアルバムが占めていました。イギリスで発売された全22曲のシングルのうち1位が17曲（69週）でした。いまとちがって、発売週だけ1位になったヒット曲が急に消えていくことはありませんでしたから、彼らの音楽は文字通り時代の通奏音でした。コンサート会場はファンの絶叫で満たされ、会場の外でも彼らの車は熱狂するファンに取り囲まれました。その様子は数々の映像で確認することができます。

世界で10億枚

出典によって数字にばらつきがあるのですが、64年の初のアメリカ進出で『エド・サリヴァン・ショウ』に出演したとき（2月9日）、視聴率は約45％、視聴者数は7300万人でした。当時のアメリカの人口の3分の1近くがテレビを見たわけです。その間、路上の犯罪率が劇的に下がったとも言われています。ちなみにビートルズが憧れた「ロックンロールの王様」エルヴィス・プレスリーが56年に『ステージ・ショウ』で全米ネットのテレビに初出演したときの視聴率は約18％でした。64年4月4日にはアメリカの『ビルボード』のチャートの1位から5位までをビートルズの曲が占めました。前例のない出来事でした。他に上位3位を占めた週も何度かありました。

彼らの成功をきっかけにイギリスのグループが続々とアメリカに進出。64年と65年の2年間のアメリカのチャートの1位の約半分がイギリスのグループの曲で占められ、ブリティッシュ・インヴェイジョン（イギリスの侵略）と呼ばれる現象も起こります。

ビートルズは65年にはロック・グループとして初のスタジアム公演を行ないました（ニューヨークのシェイ・スタジアム、観客約5万5000人）。ちなみに66年に日本武道館ではじめてポピュラー音楽のコンサートを行なったのも彼らです。彼らは66年8月のサンフランシスコ公演を最後に、人気絶頂期にあったにもかかわらず、コンサート活動に終止符を打ちましたが、これまた他に例のない出来事でした。

シングルを寄せ集めたアルバムではなく、アルバムの30～40分をまとまりのある作品として構成するという考え方をロック世代の音楽に広めたのも彼らなら、演奏を録音するだけでなく編集作業を含むものへとレコーディングの概念を率先して拡張したのも彼らでした。67年6月25日には世界初の同時衛星中継番組に出演して「愛こそはすべて」を演奏し、68年にはロック・アーティストによるレコード会社設立（アップル・レコード）に先鞭をつけました。

アメリカのレコード協会によると歴代アメリカで最もアルバムが多く売れたアーティストはビートルズで1億8300万枚です（2021年7月）。ちなみにエルヴィス・プレスリーは3位。グループとしての2位（総合4位）はイーグルスで、ビートルズの約3分の2です。ギネスブックによれば世界では10億枚とのことです（21年3月20日付）。

きりがないので、とりあえずこれくらいにしておきましょう。

変化し続けたグループ

1962年のデビュー以後の彼らの活動はいくつかの時期に区切って語られてきまし

た。

　ひとつは活動方法をもとに、精力的にコンサート活動を続けていた66年までと、それ以後解散までのふたつの時期に分けるものです。

　もうひとつは、音楽の変化をもとに区切る方法です。コンサート活動の停止と音楽の変化は関係し合っていますが、青盤、赤盤の通称で知られるベスト盤に倣って前後ふたつの時期に分けたり、アルバムの制作内容が変化しはじめた『ラバー・ソウル』もしくは『リボルバー』から『マジカル・ミステリー・ツアー』までのサイケデリック期を独立させて3つに分けたりするのが一般的です。

　こうした区分は便宜的なものですが、どの区分で振り返るにせよ、確実に言えることがあります。それはビートルズが音楽においても行動においても一貫して変化し続けたグループだったということです。変化は誰にでも起こりうることですが、ビートルズの音楽と活動の変化の幅はそれまでの誰よりも大きく、不可逆なものでした。メンバーだけのスタジオ・ライヴに近い初期のロックンロールと膨大な時間を費やして編集された67年前後の作品では、同じバンドの曲とは思えないほど音楽がちがいます。

「一過性」から「歴史」へ

マスコミや大人はビートルズを最初は一過性のアイドルとみなしていました。外貨獲得への貢献に対して彼らがMBE勲章をもらった65年、「勲章を貶められた」「あんな芸人と一緒にされたくない」と抗議が殺到し、世界中から数百個の勲章が送り返されてきたことが、当時の世評を物語っています。

1967年、世界初の衛星中継番組に出演

しかし『ラバー・ソウル』『リボルバー』『サージェント・ペパーズ・ロンリー・ハーツ・クラブ・バンド』といったアルバムが矢継ぎ早に登場すると、大人たちも彼らの音楽に注目せざるをえなくなりました。弦楽四重奏を二重に重ねて使った「エリナー・リグビー」、インドの古典音楽の楽器シタール使用に先鞭をつけた「ノルウェーの森」「ラヴ・ユー・トゥー」「ウィズイン・ユー、ウィズアウト・ユー」、現代音楽の手法を借りた「トゥモロウ・ネヴァー・ノウズ」「ア・デイ・イン・ザ・ライフ」「レヴォリューション9」など、その間に音作りの幅が劇的に広がりました。連帯と孤独、思索と幻想、生活の描写、人生の意味の探求などをめぐる「真正な」歌詞表現も、それまでの職業的な作詞家の作品には見られなかったものでした。

雑誌『ルック』は66年12月13日号のジョン・レノンのインタビュー記事の中で彼を「第一級の吟遊詩人」「ポップ／ロック界のダ・ヴィンチ」と書いていました。67年にアルバム『サージェント・ペパーズ』が発表されたときは絶賛の嵐でした。たとえば6月26日付『ニューズウィーク』は収録曲の「ア・デイ・イン・ザ・ライフ」をT・S・エリオットの詩をひきあいに出して「この曲はビートルズ版『荒地』である。素晴らしさと驚きに満ちた感動的なポピュラー・アートの極みと言える」と書いていました。「（このアルバムは）まぎれもない文学であり、評論であり、時代のふるいにかけられて、世代から世代へ浸透するたぐいのものである」（『サタデイ・レヴュー』）、「『サージェント・ペパー』は聞くものにポピュラー音楽の歴史を考えさせるばかりでなく、今世紀という歴史を思わせる」（『パルチザン・レヴュー』紙）などなど（以上、ジュリアス・ファスト『ビートルズ』P310～312)。

ボブ・ディランのように、60年代の前半から文学的に高く評価されている人もいましたが、世界一の人気グループ、ビートルズが世代を超えて評価されたことの波紋の大きさは桁ちがいでした。ロックやポップスのヒット曲は成長にともなう通過儀礼の道具のようなものと思っていた人は、考えを改めざるをえなくなりました。

政治的発言

画家のジェフ・ナットールは68年に「ビートルズはサブカルチャーの発展を促す最大の単独触媒であったし、現在もそうである」と論じました。ビートルズの人気と騒ぎとそれを報じる記事が続くにつれて、ビートルズそのものが情報の発信装置としてメディア化していったのです。

記者会見のビートルズのくだけた態度や機知に富んだ歯に衣を着せない発言は、メディアに好意的に紹介され、従来のお行儀のいい芸能人とは異なる種類のスターの誕生を印象づけました。彼らが初めてアメリカに行った64年は人種差別撤廃を求める公民権運動の最盛期で、彼らはそれを支持して「観客席が人種で分かれている会場ではコンサートを行なわない」と宣言していました。ヴェトナム戦争が激しさを増していった66年の夏には、記者会見で全員が「戦争はまちがっている」と語っていました。

芸能人に政治的発言は必要ないと考える既成のメディアのおかげで60年代にそうした発言が大きく報道されることは必ずしも多くなかったのですが、ジョンがイギリスの新聞に語った（とされる）「ビートルズはキリストより有名だ」という発言は、アメリカで曲解されて反発を呼びました。66年の全米ツアーではキリスト教の原理主義者や極右団体KKKがコンサート反対声明を出し、レコードを燃やす騒ぎにまで発展しました。

66年の来日公演のときは、多くの中学や高校が生徒にコンサートに行くことを禁止し、警察の過剰警備も社会現象として騒がれました。団塊の世代からもう少し若い世代までのミュージシャンや表現者で、ビートルズの音楽を意識しないでいられた人は少ないでしょう。現代音楽や美術や演劇や映画の世界では武満徹、横尾忠則、佐藤信、大島渚らがメディアとしてのビートルズに同時代的な関心を抱き、村上龍や村上春樹は後にビートルズを時代背景として描いた作品を書いています。

前例のない文化現象

マリー・クワントのミニ・スカートやホット・パンツと共に60年代イギリス発の最新流行現象として登場したビートルズは、やがて前例のない文化現象へと変貌していきました。既成の社会の価値観に「反抗」したスウィンギング・ロンドンのアンダーグラウンドな文化――ＬＳＤなどのドラッグ体験から前衛芸術までを含めて――はビートルズによって増幅され、60年代後半の世界にカウンター・カルチャーの大きなうねりを生み出しました。たとえばヒッピー世代の若者たちが注目していたインド音楽や瞑想は、ビートルズが関わったことで飛躍的に広がりました。

流行現象はいったん昇りつめると、忘れ去られるのが早いのが世の常です。にもかかわらずビートルズは21世紀に入ってもなお世界で最も有名なポピュラー音楽のグループであり続けています。

人気の理由のひとつはもちろんレコード会社をはじめとするメディア産業が彼らの作品や物語を手を変え品を変え流通させてきたからです。日本では２０１０年代に「僕はビートルズ」という連載漫画までありました。しかしいくら売ろうと思っても受け手が少なければ、消えて行くのが市場経済の現実です。50年前にすごかったとしても、いまそれがどうした、と言われるものは無数にあります。ではビートルズはどうして例外であり続けていられるのでしょう。

流行現象の記録を差し引いても心に残るのはビートルズの音楽ですが、それは彼らの考えや行動、それを生みだした歴史や時代や社会を抜きにして語れません。以下、あらためてビートルズの音楽を聞きながら、彼らが例外であり続けていられる理由を探ってみることにしましょう。

2016年にはヒップホップ世代のレイ・シュリマーの「ブラック・ビートルズ」が全米ナンバー・ワン・ヒットを記録し、ポール・マッカートニーがSNSでそれを称賛して話題を呼びました。ポールはまた、『ザ・レイト・ショウ』で韓国のBTSがうたった「ヘイ・ジュード」にもユーモアたっぷりに反応していました。R&Bの人気歌手フランク・オーシャンの16年の「ホワイト・フェラーリ」には「ヒア・ゼア・アンド・エヴリホエア」のメロディが引用されていました。19年のダニー・ボイル監督の話題作『イエスタデイ』は、ビートルズの存在や記憶が削除された世界で、ビートルズの曲が新曲として注目される映画でした。映画の中には人気歌手エド・シーランにビートルズの曲を「新曲」として称賛させる場面までありました。19年のスポティファイの調査では、ストリーミングでビートルズが聞かれたのは約17億回、そのうち30%が18~24歳、

17％が25〜29歳と、半数近くが30歳未満でした。

この本が書店に並ぶ後には『レット・イット・ビー』用に撮影された映像記録を再編集した映画『ザ・ビートルズ：Get Back』が公開され、従来とは異なる角度から見た解散直前のビートルズの姿が話題になるはずです（２０２１年11月25、26、27の３日間、ディズニープラスで配信）。

1 故郷リヴァプール
「マギー・メイ」「ペニー・レイン」をめぐる章

田舎者扱い

ビートルズの出身地リヴァプールはロンドンから鉄道で北西に2時間余り、直線距離で300キロばかりのところにある港町です。ビートルズが登場するまでのイギリスは、音楽で成功するなら何はさておきロンドンに出なければ話にならない、という時代でしたから、リヴァプールのイメージも音楽産業からするとかんばしくありませんでした。

ジョン・レノンもそれを認めています。

「ロンドンに出てきたときには、ロンドンの人たちからまるっきりの田舎者あつかいをされました。いずれにせよ、私たちはたしかに田舎者だったのです」（『ビートルズ革命』P132）

ビートルズのプロデューサーとして5人目のビートルと言われることになるジョー

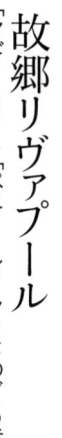

ジ・マーティンでさえ、マネジャーのブライアン・エプスタインが彼らを売り込みに来て熱弁をふるったときは、次のように思ったくらいです。話をおもしろくするために、多少、脚色して語っているのでしょうが。

「いったいリヴァプールとはどこの街なのかと彼に聞き返したくらいだ。当時、その方面から流れてくる情報は信じ難いほど奇怪なことが多かったのである」（ジョージ・マーティン『耳こそはすべて』Ｐ１７９）

映画『ハード・デイズ・ナイト』などでの彼らのおしゃべりを聞くと、英語通でなくても発音やアクセントになまりがあることがわかります。ジョンは田舎者扱いされたと言っていますが、圧倒的な音楽となまりを直さないおしゃべりや気どらない態度がそれまでの芸能人とはちがう新鮮さで受け止められたのでしょう。

リヴァプールからはビートルズの成功に続いて人気アーティストが次々に登場したので、リヴァプールを流れるマージー川の名前にちなんでマージー・ビートという言葉が広まります。日本ではリヴァプール・サウンドという言葉も使われました。

現在のリヴァプールは多くの音楽ファンが訪れる都市のひとつになっています。少年時代にビートルズのメンバーが住んでいた住宅、デビュー前に出演していたキャヴァーン・クラブ、歌のもとになったペニー・レインやストロベリー・フィールズなど、ゆかりの場所をめぐる〈マジカル・ミステリー・ツアー〉という人気の観光ツアーもあります。

2016年2月8日付のBBCニュースは「ビートルズは毎年8200万ポンドと約2300人の雇用をリヴァプール経済にもたらしている」という記事を掲載し、ビートルズ観光の盛況を報告しています。中国などでの人気の伸長もあり、ビートルズ関連経済は毎年15%程度成長し、市の経済の停滞に歯止めをかけているとも書かれています。「ビートルズの衝撃は、過去や現在だけではなく、未来にも続くものにできます」とはそこに紹介されている市長の言葉です。観光は20年からのCOVID-19流行で大打撃を受けましたが、感染症の騒ぎが収まれば、観光客もまた戻ってくるでしょう。

植民地貿易の拠点

リヴァプールはかつて港湾都市として栄えた都市でした。

アイリッシュ海に流れこむマージー川のほとりに町の建設がはじまったのが1207年。日本でいえば、鎌倉時代です。『新古今和歌集』が編纂されたのが1205年。世界史ではジンギス・カンがモンゴル帝国を作ったのが１２０６年です。

建設されたといってもリヴァプールは何世紀もの間人口わずか千人足らずのマージー川沿いの寒村にすぎませんでした。しかしそれが18世紀に入ると一転します。植民地支配によって栄えてきたスペインをイギリスが追い落としたのが18世紀のはじめのことです。１７１０年代にリヴァプールに大きな船を接岸できる最初のドックが完成して以後、マージー川沿いにいくつものドックと倉庫や商業施設が整備され、世界有数の港湾施設を持つにいたります。その成長を支えたのが植民地貿易でした。

16世紀からスペイン、ポルトガル、フランス、オランダなどの王国が海外に植民地を作りはじめると、ヨーロッパ人が持ちこんだ感染症によって、カリブ海の島々や新大陸では先住民の人口が激減しました。近年われわれはウイルスで大騒ぎしていますが、その時代の人々にとって感染症の脅威はそれどころではなかったでしょう。そこでアフリカから拉致した人を植民地に連れて行って奴隷として働かせる貿易がはじまりました。劣悪な条件の船旅の間に、アフリカの人々も多くが感染症で命を落としています。

奴隷貿易による繁栄

17世紀のフランスに太陽王と呼ばれた王様がいました。ごぞんじルイ14世です。芸能好きがこうじてパトロンとして音楽史に名前を留め、ヴェルサイユ宮殿を作ったこの王様はアメリカに植民地を作りました。彼の名前を冠したルイジアナです。当時はアメリカ南部からカナダにまで達する広大な土地でした。そのルイ14世の1670年の勅令にこうあります。

「植民地の発展やその土地の開発に何が貢献したといって、ニグロの苦役ほど大きな役割を果たしたものはない」(E・ウィリアムズ『コロンブスからカストロまで』(I)P208)

本人に悪いことをしているという意識がないので、本音を包み隠さず語っていますが、奴隷にされた身からすれば、盗人《ぬすっと》たけだけしい話です。しかしこの認識はルイ14世の専売特許というわけではありませんでした。1685年、スペイン新世界評議会の報告にはこうあります。

「ニグロがいなければ全王国を支えるに足る食糧の生産はありえず、したがって新世界の植民地は完全に壊滅しただろう」(『コロンブスからカストロまで』(I)P208)

近代ヨーロッパの王国の繁栄が、奴隷労働の収奪のおかげだったことを当事者はこぞって認めていたわけです。植民地支配にかけては後発の国だったイギリスも例外ではありません。17世紀から19世紀にかけてイギリスの船は、アフリカ西海岸に綿布や銃などの工業製品を売りに行き、アフリカ人を積んでカリブ海や新大陸まで運んで奴隷として売り、当初はジャマイカの砂糖やたばこ、後にはアメリカの綿花などを積んでヨーロッパに戻って来るいわゆる「三角貿易」で巨利を得ました。その拠点がリヴァプールでした。

メルヴィルとモービー

次の章でふれますが、イギリスはアイルランドを徐々に侵略し、１８０１年に完全に植民地化します。その時期にアイルランドから流入した安い労働力が港湾整備を支えました。リヴァプールはまたインドや中国からの綿製品や香辛料や茶と三角貿易をリンクする中継基地としても、アメリカへの移民を運ぶ船の出発港としてもにぎわいました。

正確な人数はわかりませんが、１６４０年代から１８２０年代までヨーロッパの船が運んだ奴隷は推定約６００万人。１７２０年から１８０７年の間、奴隷貿易に関わったヨーロッパの船の半分がイギリス籍で、そのまた8割がリヴァプールを寄港地にしていたという説があります（『Liverpool and the Slave Trade』P4〜5）。比較のためウェブ上にある『Trans-Atlantic Slave Trade Database』で1640年から1820年までに運ばれた人数を推定すると約800万人です。

奴隷制度に対する人道的な疑問は17世紀からありましたが、制度撤廃にはそれから2世紀近くもの歳月がかかりました。『白鯨』で知られるアメリカの小説家ハーマン・メルヴィルは商船の乗組員だった1839年にリヴァプールに1か月ほど滞在したことがあります。その体験をもとに彼は49年の小説『レッドバーン』の中で、世界各地からの船でにぎわうリヴァプールの国際都市ぶりを活写しています。31章には、主人公がチャペル通りのネルソン提督の銅像を見て、その台座に鎖で繋がれた捕虜の像から、かつての奴隷市場のアフリカの人たちに思いをはせ、リヴァプールの繁栄が奴隷貿易と不可分と思われていた、という事実を指摘するくだりもあります。

後にこの町に生まれた若者たちが、アフリカ人奴隷の子孫の音楽にあこがれてビートルズを結成するわけですから、縁とは不思議なものです。余談ついでに、BBCのサイトは、2018年に文化欄でビートルズの通称『ホワイト・アルバム』をメルヴィルの

『白鯨』にたとえて論じたことがありました。メルヴィルからすると5代くらい後の親戚筋にあたるエレクトロニック・ポップのアーティスト、モービーが2001年のコンサート「カム・トゥゲザー」でルーファス・ウェインライトやショーン・レノンと共に「アクロス・ザ・ユニヴァース」を演奏したのも何かのめぐり合わせでしょう。

イギリス初の鉄道

話は戻って、18世紀中期に、イギリスは工業化の最も進んだ国、世界の工場と呼ばれ、産業革命を先導していきます。輸入した綿花を加工するため、リヴァプールに近いイングランド北部の都市マンチェスターでは、1785年に紡績機に蒸気機関が導入され、紡績業が飛躍的に発展します。そこに投資されたのは三角貿易から生まれたリヴァプールの資本です。1776年のアメリカ独立、1807年のイギリスの奴隷貿易廃止（売買が禁止されたわけではなく、奴隷制度廃止法は1833年に制定）といった出来事も、大西洋横断貿易の窓口であるリヴァプールの成長に決定的な影響を及ぼすことはありませんでした。綿花や織物の輸送のため、1830年にはリヴァプールとマンチェスターの間にイギリス初の蒸気機関車による鉄道が開通しています。この時期に建設された税関などの建物には、アフリカ人やライオンやゾウのレリーフが残っているものがあります。ビートルズのメンバーは当然、そうした建物を目にして育ったでしょう。

時が流れ、２０２０年に入ってからは、関連ある道路や建物の表示に「奴隷貿易によって作られた」という表示を加えることが検討されはじめています。ビートルズの名曲にうたわれたペニー・レインの名前が18世紀の奴隷商人ジェイムス・ペニーにちなんでつけられたという説を信じて、同年6月には道路標識を黒塗りする事件も起きました。リヴァプールの国際奴隷博物館は通りの名前とジェイムス・ペニーを関連づける確証はないとしていますが。

これまた余談ながら「ペニー・レイン」の冒頭に描かれた理髪店は、名前を変えていまも営業しています。ただしこの店は実際にはペニー・レインに面しておらず、ペニー・レインには別の理髪店ができたので、ビートルズゆかりの店でヘア・カットしたい人はどうかおまちがえのないように。

ビートルズの青銅像とゴレー通り

２０１５年12月にリヴァプール港の名所ピア・ヘッドの一角にビートルズの4人の立

リヴァプールにあるビートルズの銅像

像彫刻が作られました。ピア・ヘッドは少年時代のポール・マッカートニーがよく遊びに来ていたところです。彫刻はビートルズの最後のリヴァプール公演から50周年を記念して、彼らゆかりのキャヴァーン・クラブが寄贈したものです。実物より倍くらい大きめの4人が海に向かって歩いている彫刻は、初期の彼らの写真からイメージをふくらませたものですが、ジョンの右の掌には彼が晩年住んでいたダコタ・ハウスのドングリが握られているそうです。

そこから歩いて数分のストランド通りにはビーサム・プラザという一角があります。通称バケツ噴水という現代彫刻のような噴水があることで知られるその場所は、18世紀末に最新の倉庫が作られたところで、かつてはゴレー・ピアッツァ（ゴレー広場、ゴリーとも表記）と呼ばれていました。ビートルズの像が立つピア・ヘッドの近くには、いまもゴレー通りが残っています。

ゴレーはセネガルの首都ダカールの沖にある島の名前で、かつて奴隷貿易の出発点だったところです。リヴァプールの広場や道路にその名がつけられたのは植民地経営が「正しかった」時代ならではのことでしょう。セネガルのゴレー島は、いまでは世界遺産に登録され、かつてアフリカ各地から拉致された人たちが収容された建物が「奴隷の家」として観光客に公開されています。

建物の中には大西洋に向けて開かれた窓がありますが、「帰らざる扉」というその窓のはるか下に砕け散る大西洋の荒波は、映像を見るだけでも、捕えられた人々の嘆きの大きさや絶望の深さを思わせて余りあります。その中庭で、セネガルのユッスー・ンドゥールがアメリカのジャズメンと歴史に思いをはせながらコンサートを行なう『Retour à Gorée』という映画もありますから、興味のある方はごらんになるといいでしょう。

空襲による衰退

リヴァプールのゴレー広場は、第二次世界大戦下のドイツ軍の空襲で大きく破壊され、かつて詩人たちにうたわれたファサードもいまは記録にしか残っていません。リヴァプールには造船工場があったため、港湾施設が標的にされたのです。リンゴ・スターは1940年の空襲の前に、ジョン・レノンは空襲が続いていた時期に生まれています。ジョンのミドルネームのウィンストンは英雄視されていた当時のイギリス首相ウィンストン・チャーチルにちなんでつけられましたが、ブラック・ライヴズ・マターの運動以降、チャーチルも人種差別的だったと批判されるにいたっていることが時の流れを感じさせます。

ドイツ軍による空襲によって、リヴァプールでは41年5月だけで1万戸の家屋が全壊し、死者が約4000人に及びました。そしてリヴァプールの経済は、戦争が終わってもかつての繁栄を取り戻すことはなく長い低迷期に入っていきました。

少年時代のポール・マッカートニーは空襲の焼跡の瓦礫の残る空き地が遊び場だったこと、街角では戦場で心を病んだ復員兵をよく見かけたことなどを語っています。ジョージ・ハリスンもリヴァプールを離れた63年にまだ焼跡が残っていたことや、そこに出没していた香具師《やし》の思い出について語っています（『THE BEATLESアンソロジー』P17、25）。リヴァプールの人口減に歯止めがかかり、再び増加しはじめたのは、大規模な再開発が続いた21世紀に入ってからのことです。

リトル・アメリカ

ジョン・レノンが生まれたころ父親のアルフレッド（フレッド）は船の給仕人をしていて、たまにしか家に帰って来ませんでした。ポール・マッカートニーの父親ジェイムス（ジム）は戦前には紡績関係の会社に雇われ、綿花のセールスマンをしていました。ジョージ・ハリスンの父親ハロルドはバス運転手になる前は商船のボーイ長でした。リンゴ・スターの父親のリチャードはパン工場の職人でしたが（砂糖を使う仕事です）、父方の祖父は港のドックのボイラーマンでした。ビートルズのメンバーの家族や親戚はいずれもリヴァプールの歴史に縁の深い仕事についていたわけです。

ビートルズのメンバーがアマチュアで音楽をはじめたころには海運業さかんなりし時代の名残が少しはあり、船員が持ちこむアメリカからの輸入盤レコードやファッションは、ロンドンより種類が多様で入ってくるのも早かったそうです。たとえばジョン・レノンがリヴァプールではじめて見たギターはカウボーイの格好をした男が手にしていたハワイアン・ギターだったといいます（マーク・ルイソン『ザ・ビートルズ史・上』Ｐ91～92）。

第二次世界大戦とリヴァプールでもうひとつ見落とせないのは、近くの空軍基地にイギリスでは最大規模の米軍が駐屯していたことです。プロデューサーのジョージ・マーティンはその重要性に注目しています。

「リヴァプールから数マイル北東にある空軍基地、ＲＡＦ（イギリス空軍）バートンウッドに、第二次世界大戦開戦後１万８０００人以上のアメリカ兵がいて、リトル・アメリカと呼ばれていた。ノルマンディ上陸作戦の準備段階でさらに多くのアメリカ兵がリヴァプール港を経由して基地に集まった。兵士の多くは黒人だった。彼らは自分たちの文化――好みのレコード――を持ちこみ、マージー川周辺にくり出して浮かれ騒ぎ、地元の住民たちの中に溶けこんだ。アメリカのミュージシャンが演奏するダンス・パーティに若い女性が集まり、６５００人がＧＩの花嫁として海を渡った。50年代のリヴァプールがポップ・ミュージックを中心に活気あふれる10代の文化を持っていた理由のひとつだった」（ジョージ・マーティン『メイキング・オブ・サージェント・ペパー』Ｐ60～62、要約）。

この記述は、７章でふれるロード・ウッドバインを介して、ビートルズとつながってきます。

リヴァプールの伝統的な音楽にはあまり縁のなかったビートルズですが、彼らが演奏した地元の民謡が1曲だけ残っています。船員たちの間でうたわれていた「マギー・メイ」です。この曲はアマチュア時代のジョン・レノンが結成していたクオリーメンのレパートリーでした。

船から降りて小金を手にした船員が娼婦に身ぐるみはがされる歌というお行儀の悪さが、反抗的な若者を気どっていたジョンの琴線をくすぐったのでしょう。船乗りの時期を過ごしたジョンの父親やジョージ・ハリスンの父親も、酔ったときにはこの歌をうたっていたにちがいありません。プロデューサーのジョージ・マーティンが57年にヴァイパーズのこの曲のレコードを作っていた、というのもおもしろいめぐり合わせです（4章参照）。

ビートルズは、映画撮影をかねた『レット・イット・ビー』のレコーディング・セッションでこの曲を演奏しました。その断片がアルバム『レット・イット・ビー』に収録されています。入れたのはプロデューサーのフィル・スペクターの判断かもしれませんが、「ゲット・バック（戻れ）」がテーマのアルバムにふさわしい曲であったことは確かでしょう。

2 ジョン・レノンはアイルランド人か

「マイ・ボニー」「悲しみはぶっとばせ」をめぐる章

U2ボーノの発言

ビートルズの記事を読んでいると、ビートルズとアイルランドとの関わりにふれた記述がよく出てきます。

たとえば、２０１５年にアイルランドのロック・グループＵ２の歌手ボーノは、ジョン・レノンのグリーン・カード取得40周年を記念する移民博物館の催しでこう語りました。

「ジョンはニューヨークのエリス島に来たたくさんのアイルランド移民の一人でした」（『アイリッシュ・タイムズ』２０１５年7月30日）

この発言には、あれっ、と思う人が多いはずです。ジョン・レノンはイギリス人じゃなかったっけと。

ごもっともです。ジョン・レノンはリヴァプール生まれのイギリス人です。

しかし公的な催しのスピーチですから、ボーノが勘違いや冗談でそんなことを言うはずがありません。ではどうして彼はそんな発言をしたのでしょうか。

トニー・シェリダン&ザ・ビート・ブラザーズ

ビートルズがイギリスのEMIのパーロフォン・レーベルから発表した公式のデビュー・シングルは1962年10月5日発売の「ラヴ・ミー・ドゥ」です。

しかしその前に彼らはレコードを1枚出したことがあります。正確には彼ら単独のレコードではなく、トニー・シェリダンの伴奏をつとめた「マイ・ボニー」です。

トニー・シェリダンはビートルズと同時期にハンブルクのクラブで活動していたイギリスのロックンローラーですが、当時はビートルズよりステージ経験が豊富で、ドイツのレコード会社の目にとまったのです。レコーディングは彼がステージでときおり共演していたビートルズと一緒に行なわれました。

「マイ・ボニー」はドイツでは「セインツ」(「聖者が町にやって来る」)とのカップリングでトニー・シェリダン&ザ・ビート・ブラザーズ名義で発売されました。グループ

ハンブルク時代のビートルズ。リンゴ・スターは未加入

名がちがうのは、ビートルズという名前はドイツ語のあまりかんばしくない俗語にまちがわれやすいから、という理由でした。この曲はドイツではチャートの5位に入るヒットを記録しましたが、イギリスではすぐには発売されませんでした。

そのレコードにひょんなことから巡り合った人物がリヴァプールにいました。後にビートルズのマネジャーとして彼らを世界一のグループに育てたブライアン・エプスタインです。そのとき彼はリヴァプール一の大手レコード店ＮＥＭＳを率いる若い経営者でした。

ドイツから取り寄せた25枚

ブライアンの自伝によると、１９６１年10月28日、たまたま店番中にレイモンド・ジョーンズという若者がやって来て、ドイツで出たビートルズの「マイ・ボニー」のレコードを注文しました。ビートルズはブライアンの知らないグループで、店に在庫がありませんでした（ブライアン・エプスタイン『ビートルズ神話』P3）。

入荷したら連絡するからと客を帰した後、「ないレコードはない」ことを店のモットーにしていたブライアンは、レコードを調べて取り寄せようとします。そして地元のグループであることを知って驚きます。

実は彼が記事を寄稿していた地元の音楽新聞『マージー・ビート』にビートルズは何度も登場していました。単に興味がなかったから気にとめなかったのか、脚色が入っているのか。このあたりの出来事の時系列は関係者の記憶が一致しなくて曖昧です。いずれにせよ、彼は店に来たメンバーの姿を見ていたはずだと店員に言われます。スーツ姿のビジネスマンの彼からすれば、彼らは店で時間をつぶして試聴するだけの無粋な若者たちでしたから、関心を持つこともなかったのでしょう。

好奇心をかきたてられたブライアンは彼らが出演しているキャヴァーン・クラブに足を運びます。そして彼らに魅了されて挨拶し、「マイ・ボニー」がドイツのポリドールから発売されていることを教わったとされています。彼がドイツから取り寄せた最初の

25枚は数時間で売り切れました。売り上げはそれからあっという間にその何倍にも達しました。

民族と宗教

ビートルズが「マイ・ボニー」の演奏に参加したのはたまたまとはいえ、メンバーのルーツを思うと興味深いものがあります。何が興味深いのか、イギリスの歴史を振り返ると、その理由がわかります。

ご存じのようにイギリスの正式名称は、グレイト・ブリテンおよび北アイルランド連合王国で、イングランド、ウェールズ、スコットランド、北アイルランドの4つの地域から構成されています。

われわれがイギリス人と言うとき、地域のことまで意識することはあまりありませんが、各地域はそれぞれ異なる歴史的背景を持ち、民族のルーツや宗派もちがいます。

おおまかに言えば、イングランドには5世紀以後にやってきたアングロ・サクソン人（ゲルマン人）が多く住み、ウェールズ、スコットランド、北アイルランドには先住のケルト系の人たちが多く住んでいます。北のスコットランドを中心に、デンマーク方面から来たノルマン人（ゲルマン人）の子孫も各地に暮らしています。現在はその他にインド、中国、アフリカ、カリブ海、ヨーロッパの他の国からの移民や難民が数多く定住しています。

イギリスの民族と宗教の関係は入り組んでいますが、いちばん多いのがキリスト教徒です。いろんな宗派があって、あえて単純化すればイングランド人などゲルマン系の人にはプロテスタント（英国国教会、長老派、清教徒など）が多く、アイルランド人などケルト系の人にはカトリックが多い傾向が見られます。プロテスタントとカトリックのちがいは、日本の仏教の宗派より強い政治的な意味合いを持っています。

英国国教会は、16世紀にイングランド国王ヘンリー8世が自分の離婚を認めてくれないローマのカトリック教会に反抗して作った教会です。この王様はアイルランドの国王も自称して英国国教会の権威をアイルランドに押しつけました。17世紀中期から後期にかけて、清教徒革命と名誉革命の時期にイングランドはアイルランドを武力で徐々に植民地化していきます。イングランドでは清教徒革命の指導者だった英雄クロムウェルも、アイルランドやスコットランドでは婦女子まで殺戮した侵略者として有名です。18世紀のアイルランドではカトリック教徒やゲール語（ケルト系の言葉）が差別対象になり、アルスター（北アイルランド）ではプロテスタントの入植政策で信者人口比の逆転が起こりました。１８０１年にはグレイト・ブリテン及びアイルランド連合王国が成立して、アイルランドは完全に植民地化され、１９２２年に独立するまで差別や弾圧が続きます。

この歴史がアイルランド人のトラウマにならないはずがありません。その間、音楽が苦しみを慰めたことは想像に難くありませんが、意外なことにカトリック教会の聖職者は20世紀の中ごろまで何世紀にもわたって民謡のダンス集会をみだらなものとして非難し続けたそうです。それは聖歌ではない民謡をキリスト教以前の「野蛮な」文化の名残とみなしていたからかもしれません。

4人のルーツ

さて、ビートルズのメンバーは全員イングランド北西部にある港町リヴァプール生まれなので、法的にはイングランド人です。

しかしジョン・レノンの曾祖父はアイルランドがジャガイモ飢饉に襲われた19世紀の中頃に、現在の北アイルランドからリヴァプールにやって来た移民です。リヴァプールで生まれた祖父はプロテスタントの女性と結婚したとあります。その間に生まれたのがジョン・レノンの父のアルフレッドでした。母のジュリアはプロテスタントの娘として生まれましたが、彼女の祖母は北アイルランド出身です。

ポール・マッカートニーの曾祖父はアイルランドからのプロテスタントの移民の子供としてリヴァプールで生まれました。名前から推測して祖先はスコットランド出身という説もあります。母方の曾祖父もアイルランドからの移民です。

ジョージ・ハリスンの父方の祖父はイングランド人ですが祖母はスコットランド人とマン島出身者の間に生まれた女性で、母方の祖父はアイルランド出身です。

リンゴ・スターは祖父母の代までリヴァプール生まれのイングランド人ですが、母方の曾祖母がアイルランド人です。

つまり濃淡の差はありますが、メンバー全員アイルランド/ケルト系のルーツを持っていることになります。ジョン・レノンは1964年のインタビューでこう語っています。

「リバプールは、アイルランド人が主食のジャガイモが乏しくなった時に移り住む土地だった。アフリカから奴隷として連れてこられた黒人たちが立ち寄り、そのまま残って住みつくケースもあった。リバプールにはアイルランドの血をひく者が多いし、黒人や

中国人や、とにかくありとあらゆる人種が集まっている」（『THE BEATLESアンソロジー』P8）

アイルランドからの移民は古くから続いていましたが、ジョンの発言にある1845年から55年にかけて主食のジャガイモの不作で大飢饉が起こった時期に、イングランドやスコットランドの不在地主が救済措置をとらなかったため、アイルランドでは数多くの餓死者が出て、国外への移民が急増しました。一説によれば死者が100万人、移民が200万人。1851年にはリヴァプールの人口の約20％をアイルランド人が占めたと言われています。彼らは差別されながら都市の発展を支え、いつしかリヴァプールはダブリンについでアイルランドの第二の首都と呼ばれるにいたりました。同時期のアメリカでもニューヨークで人口の25％、シカゴで20％がアイルランド人が占めていたといわれます（ヌーラ・オコーナー『アイリッシュ・ソウルを求めて』P160）。

いまのところいちばん新しい2011年のリヴァプール市の統計を見ると、人口のうち白人が90・2％、アジア人が3・7％、黒人が2・3％、アラブ人その他が1・5％、白人と白人以外の混血が2・3％です。白人の90・2％の内訳はイギリス人／ウェールズ人／スコットランド人／北アイルランド人／ブリティッシュ（マン島などの人）が

86・5％、1・3％がアイルランド人、2・3％がその他の白人となっています。

アイルランド人の1・3％は少ないようですが、北アイルランド系の人が分かれて書かれていますし、ビートルズのメンバーの例から推測できるように、いわゆるイングランド人の中にもアイルランド系の血を引く人がかなり含まれています。スコットランドやウェールズからの移住者もいますから、リヴァプールの住民の大多数は、先祖にケルト系の人がいても不思議ではありません。現在は何らかの形でアイルランド系の先祖を持っているのは50％から70％くらいの間だろうと推測されています。

ベルト・ケンプフェルト

話をトニー・シェリダン&ザ・ビート・ブラザーズの「マイ・ボニー」に戻します。

「マイ・ボニー」はイギリス人や英語圏の人なら子供の歌として誰もが知っているスコットランド民謡です。アメリカでは19世紀に「マイ・ボニー」の楽譜が出版され、メロディの親しみやすさから学生や子供たちの愛唱歌として広まっていきました。20世紀初頭の人気グループ、ハイドン・クァルテットの歌は往時の学生たちのコーラスをしのばせますし、ハイドン・クァルテットにいたビリー・マレイは1919年にコミカルな替え歌を残しています。ハイドン・クァルテットのメンバーの多くもビリー・マレイも名前から推測するとアイルランド系やスコットランド系です。

38年にはスウィング・ジャズ・アレンジのエラ・ローガンの歌がちょっとしたヒットを記録しました。彼女はブロードウェイ・ミュージカルやハリウッド映画に出演していたスコットランド生まれの歌手です。その後もこの歌は子供向けのアニメーションなどによく使われてきました。民謡系ではシスコ・ヒューストンが55年に、エド・マッカーディが58年にレコードを出しました。59年にはミッチ・ミラー楽団も〝みんなで陽気に歌おう〟的なレコードを発表しています。家族そろって楽しめる愛唱歌的な「マイ・ボニー」は、若者の「反抗の音楽」だったロックンロールのレパートリーにぴったりとは思えませんが、そう考えない人もいました。トニー・シェリダンのレコードを作ったプロデューサーです。

そのプロデューサーの名前は、ベルト・ケンプフェルト。年配の方なら彼のオーケストラによる「真夜中のブルース」や「星空のブルース」を聞いたことがあるでしょう。いまもイージー・リスニングやムード・ミュージックの通販全集などに欠かせない有名曲です。トランペットをフィーチャーした穏やかなロッカバラードの後者は「ワンダーランド・バイ・ナイト」という英題で61年1月に全米ナンバー・ワン・ヒットを記録。ほぼ同時期に公開された映画『G．I．ブルース』で主演のエルヴィス・プレスリーがうたった「ウドゥン・ハート」も彼の作曲でした。「マイ・ボニー」のレコーディングはそれから約半年後の61年6月ですから、アーティストとして飛ぶ鳥を落とす勢いのプロデューサーによる制作だったわけです。

ベルト・ケンプフェルトは契約する前に何度かハンブルクのクラブに足を運んで、彼らが「マイ・ボニー」を演奏するのを聞いていました。そしてこの曲がドイツの子供たちが学校で習う英語の歌であったことから、アーティストがドイツで未知の存在でもレコードを売りやすいと考えたのです。

レイ・チャールズへの憧れ

ではトニー・シェリダンはなぜステージでわざわざその曲をうたっていたのでしょう。それはレイ・チャールズがレコーディングしていたからです。レイは54年の「アイ・ガット・ア・ウーマン」のヒット以来、R&B／ソウルの先駆者として大活躍していました。トニー・シェリダンにとってもビートルズにとっても憧れの歌手です。尊敬するR

&B歌手がレコーディングしているなら、畑ちがいの民謡でも話は別というわけです。レイの「マイ・ボニー」はあまりヒットしなかった7インチ・シングルのB面の収録曲でしたが、そんな隠れた作品に目をつけるのは音楽マニアならではです。

ビートルズ・アーカイヴズの映像にトニー・シェリダンがハンブルクのレーパーバーン地区を半世紀ぶりに再訪して、懐かしそうにパブ「グレーテル&アルフォンス」を紹介する場面が出てきます。その店にはジュークボックスがあり、シュラーガーと呼ばれるドイツの流行歌にまじって、アメリカのロックンロールやR&Bのレコードを聞くことができました。昼間や演奏の休憩時間にミュージシャンたちは楽屋がわりのその店に集い、音楽の情報やアイデアを交換していました。

レイ・チャールズの「マイ・ボニー」は、ニューオーリンズR&B的なリズムをまじえたビッグ・バンド・サウンドで演奏されていました。彼は自伝でこの曲について「私が生涯聴き続けてきたメロディーで、自分流に作り替えられるかどうかやってみたかった作品だ」と語っていますが（『わが心のジョージア　レイ・チャールズ物語』P183）、レイレッツのコーラスとかけあうレイの歌声は、当時の他のロックンロールの作品からすると、ずいぶん大人っぽく聞こえます。

トニー・シェリダンのレコードは、それとはちがって1番をゆっくりうたうトニーにビートルズがドゥワップ風のコーラスをつけるところからはじまります。2番では転調してテンポが速まり、歌声がロックンロール風にかん高くなります。ブリング・バック……というくりかえしの部分の背後でジョージ・ハリスンがリード・ギターを弾いています。トニーに合わせてコーラスをつけたり叫び声をあげたりしているのはたぶんポールでしょう。間奏のギター・ソロはジョージではなく、トニー自身が弾いています。ベースに持ち替えたばかりのポールと、バス・ドラムなしのピート・ベストがノリのいいリズムを刻んでいます。

ジョンやジョージは後にこのレコードがそれほど気に入っていないと発言していますが、自分たちのレコードでなかったからでしょう。粗削りな力強さのある演奏と歌は、61年の時点のイギリスのロックンロールとしては、名演と言っていいと思います。

ボニーとは誰か

次に「マイ・ボニー」の歌詞を見てみましょう。

18世紀から伝わってきたこのスコットランド民謡は「大海に横たわるわたしのボニ

ー」「大海を風が吹き渡る」「昨夜わたしのボニーが死ぬ夢を見た」といった歌詞に「ボニーをわたしに返しておくれ」というくりかえしのつく単純な歌です。

このボニーとは、「かわいい」とか「美しい」という意味の一般名詞なのでしょうか。それとも特定の誰かのことなのでしょうか。

この曲はイギリスの名誉革命後の王権争いに関係があります。イングランド王室内の宗教対立や王室と議会の力関係の変化を背景に、1688年にジェイムス二世（カトリック）が王位を追われ、娘のメアリー二世とその夫ウィリアム三世（共にプロテスタント）が王位を連名で継承します。王権に対する議会の優位などを定めた権利の章典が生まれ、イギリスの憲法の基礎が築かれたのが名誉革命です。

しかしこの革命の後もジェイムス二世とその子孫は王位復権をめざす反乱を半世紀以上続けました。その支持者は王家の本拠地スコットランドやカトリックのアイルランドに多く、ジェイムスのラテン語名ヤコブス（ジェイコブス）にちなんでジャコバイトと呼ばれました。反乱を率いたのは貴族たちですが、実際に戦場で命を落としたのはケルト系のスコットランド人やアイルランド人の兵士でした。

1745年の蜂起を率いて敗れたジェイムス二世の孫チャールズ・エドワード・ステ

ュアートは毀誉褒貶半ばする人でしたが、ボニー・プリンス・チャーリー（愛しのチャーリー王子）と呼ばれて親しまれました。その伝説を下敷きにして生まれた民謡が「マイ・ボニー」です。イギリス王室に対する「反乱者」チャールズの名前を出すのは差しさわりがありましたが、ボニーなら「かわいい人」や「美しい人」として、あるいは女性の名として言い逃れできたわけです。

ロッド・スチュワートとスティング

蛇足ながらボニー・プリンスやジャコバイトにまつわる民謡は、他にも残っています。スコットランド系のロック歌手ロッド・スチュワートは、名作『アトランティック・クロッシング』の中でスコットランドのバグパイプをしたがえて、「スカイ・ボート・ソング」をうたっています。この曲はボニー・プリンスの蜂起から100年以上経った19世紀後半に作られたものですが、スコットランド北西部のスカイ島への王子の逃亡がテーマで、スコットランドでは子守歌がわりにうたわれている曲だそうです。

スティングがアイルランドの民謡グループ、チーフタンズをバックにケルトの言葉ゲール語でうたう「アワー・ヒーロー、素早き戦士（Mo Ghile Mear）」という曲も、元は1970年代にアイルランド北部で作られたジャコバイト賛歌です。ジャコバイトとは関係のないヴァージョンもあり、そちらはメアリー・ブラックやケルティック・ウーマンなどいろんな人が取り上げています。

話がそれましたが、トニー・シェリダンやビートルズのメンバーは「マイ・ボニー」の背景にどれだけ関心を持っていたのでしょう。名誉革命は日本でいえば江戸時代の元禄期に起こった出来事です。京都人は前の戦争といえば応仁の乱を思い浮かべるという冗談がありますが、ビートルズのメンバーがジャコバイトのことをまったく知らずにイングランド北部で育ったとは考えられません。

ハンブルクに来て「マイ・ボニー」をライヴで演奏し、レコーディングに参加することになったとき、アイルランド系の血を引くビートルズのメンバーは、ボニー・プリンスの幻影にゲルマン人に対するケルト人の敗北の歴史を重ね、因縁めいためぐりあわせを感じたはずです。というのはうがちすぎでしょうか。

アイルランドの音楽

ところで「マイ・ボニー」にかぎらず、アイルランド／ケルトの音楽や文化は実のところビートルズにどれだけ影響を及ぼしていたのでしょう。ビートルズ解散後のジョン・レノンの「ザ・ラック・オブ・ジ・アイリッシュ」「サンデイ・ブラッディ・サンデイ」、ポール・マッカートニーの「ギヴ・アイルランド・バック・トゥ・ジ・アイリッシュ」などは北アイルランドにおける宗教対立での長年の紛争の中で、英国軍が非武装のカトリック教徒を射殺した1972年の事件に対する憤りから生まれた歌ですが、歌詞が直接北アイルランドに関係のある曲はひとまずおいて考えてみましょう。

日本人は明治時代以降、数次にわたって、アイルランドの音楽と遭遇してきました。最初の出会いは明治時代に文部省がアイルランド歌謡を翻訳してそのいくつかを学校で教える唱歌に採用したときに起こりました。「庭の千草」「春の日の花と輝く」「ロンドンデリーの歌」(「ダニー・ボーイ」の原曲)「少年楽手」といった曲は、年配の方なら口ずさめる人が少なくないと思います。同様にスコットランドの音楽も、「蛍の光」「麦畑」「アニー・ローリー」「スコットランドの釣鐘草」などが紹介されました。実際には作者のはっきりしている曲のほうが多かったのですが、当時はほとんど民謡扱いでした。「東京音頭」や「ちゃっきり節」が、昭和に入ってから作られたのに、民謡と思われているのと同じような感覚です。

次いでアメリカ経由でアイルランド的な音楽が入ってきました。19世紀に活躍したアメリカ音楽の父と呼ばれるスティーヴン・フォスターはアイルランド移民の末裔の作曲家で、「マイ・オールド・ケンタッキー・ホーム」「ハード・タイムス・カム・アゲイン・ノー・モア」などアイルランド民謡に通じる作品が少なくありません。「ジョニーが凱旋するとき」「ラレドの通り」などアイルランド民謡のメロディがそのままアメリカの民謡やカントリーの曲に転用された例もあります。１９５０年代末からのフォーク・ソング・リヴァイヴァルでは、古い民謡が再発見され、アイルランド民謡のメロディを改変しながら新しい歌詞をつけたボブ・ディランなどのフォーク・ソングも紹介されました。

ロックの時代になってからはアイルランドのアーティストの音楽がヒット・チャートを賑わせ、80年代以降はＵ２やシネイド・オコナーのように世界的に成功する人も出てきました。エンヤは多重録音した美しい音楽でアイリッシュというより汎ケルト的なポップスを作り出し、チーフタンズをはじめ伝統的な民謡を演奏する人たちが活躍。アイルランド的な音楽で踊るリバーダンスのショウも人気を博してきました。

われわれはそうした音楽を通じてなんとなくアイルランド／ケルトらしさをイメージ

しています。しかしビートルズの音楽には、アイルランドの伝統音楽の要素を直接感じさせる曲は少なく、あえていえば「悲しみはぶっとばせ」「ノルウェーの森」などのメロディの一部でしょうか。

ボブ・ディランの影響

初期のビートルズがアメリカのエヴァリー・ブラザーズのコーラスの影響を受けたことはよく知られています。そのエヴァリー・ブラザーズが人気絶頂期の58年に発表したカントリー・アルバム『ソングズ・アワー・ダディ・トート・アス』にはブルーグラスのチャーリー・モンローの「ダウン・イン・ザ・ウィロウ・ガーデン」という曲が入っていて、その原曲はアイルランド民謡です。伝統的なアイルランド民謡にコーラスはないのですが、この曲を聞くと、ビートルズはエヴァリー・ブラザーズを通して無意識のうちにアイルランド民謡の水脈にふれていた可能性もあります。

「悲しみはぶっとばせ」はジョン・レノンがボブ・ディランの影響を受けて作ったフォーク風の曲ですが、前述のようにそのころまでのディランはアイルランド民謡の影響を強く受けていましたから、ジョンがディランの音楽を聞いて、その背景にある民謡のおもしろさを意識した可能性もあるでしょう。

同じフレーズをくりかえし、典型的な西洋音楽の終止音で終わらず、フェイド・アウトしていく構造の曲がビートルズに多いことが民謡的という見方もできそうです。ま、その構造は、アイルランド民謡にかぎった話ではないのですが……。ジョンはこんな発言を残しています。

「子どもの頃の僕らはフォーク・ソングがあまりにも中流階級的に思えてそっぽを向いていた。（中略）アイルランドの労働者たちが歌うとても古いレコードがラジオやテレビでかかることがあったけど、そのパワーといったらすごいもんだった。でも大部分のフォーク・ミュージックは、甘ったるいだけの過去の遺物さ」（『THE BEATLES アンソロジー』P10）

この発言のフォーク・ソングがいつの時期のどういうものを指すのか、いずれにせよジョンは民謡そのものに無関心ではなかったわけです。彼は子供のころ親戚のいたスコットランドのエディンバラのフェスティヴァルで聞いたバグパイプのソロが感動的だったという話も残しています（『THE BEATLES アンソロジー』P8）。

結局、ビートルズのメロディにアイルランド民謡の要素があまり反映されなかったのは、彼らの少年時代には、アイルランド民謡の興味深い演奏にふれる機会が少なく、それよりアメリカのロックンロールやカントリーやR&Bのほうが魅力的に思えたということでしょう。

この感覚はビートルズにかぎりません。ビートルズと同世代の民謡グループ、チーフタンズのリーダーのパディ・モローニでさえ50年代の後半にティン・ホイッスルやフィドルを持ってダブリンを歩いているだけで「頭がおかしい」「ガラクタ音楽をやっている」と思われたと回想しています（ジョン・グラット『アイリッシュ・ハートビート』P28）。

新天地ニューヨーク

ビートルズ解散後、71年にアメリカに来たジョン・レノンはニクソン大統領を批判し、平和運動に関わったためFBIに監視されました。出国すると再入国の許可が下りないので、滞在を続けたまま、アメリカでの永住権を認められたのが76年のことでした。以後、彼は80年に不慮の死をとげるまで主にニューヨークで暮らしていました。

アイルランド系移民の末裔が多いニューヨークでは、アイルランドの聖人をたたえるお祭り聖パトリック・デイの世界最大級のパレードが毎年行なわれています。ニューヨークとアイルランド人と言えば、ニューヨークの警官はアイルランド系移民が多いことで知られ、２００１年の９・11事件のとき、被害者の救出活動にあたって被災した警官や消防士の多くもアイルランド系の人たちでした。移民のカップルの夢と現実、警官隊がアイルランド民謡の「ゴールウェイ湾」をうたう光景などが描かれたポーグスの「ニューヨークの夢」という名曲もあります。

U2のボーノは、ジョンの家系のルーツ、人生、ビートルズ解散後の作品でのアイルランドへの言及などを念頭に置いて、この章の冒頭のように「ジョンはニューヨークのエリス島に来たたくさんのアイルランド移民の一人でした」と移民博物館で発言したのでしょう。

移民博物館のあるニューヨークのエリス島にほど近いリバティ島には自由の女神の像が立っています。かつて船でニューヨークにやって来た移民にとって長旅の末にこの像を遠望する感慨は言葉にできないほど大きいものでした。たとえこれから新天地で待っているのが、厳しい下積み仕事しかないことを知っていたとしても。

アイルランド人が酒飲みなのは、悲しみを忘れるためだというせつないジョークがあります。黒人にさえ「アイルランド人なみにひどい扱いを受けた」と嘆かれるほど差別された19世紀までのアイルランド移民と20世紀半ばのスーパースターのジョンとでは立場がちがいすぎます。しかしときにはビートルズが象徴的にアイルランド人として引き合いに出される背景に思いをめぐらせて音楽を聞いてみるのも悪くないのではないでしょうか。

3 ミンストレル・ショウの残影

「ミスター・カイト」「フリー・アズ・ア・バード」をめぐる章

ジョン・レノンの祖父の経歴から

ビートルズがどんなグループだったかがわかる曲をひとつだけあげよと言われても、それは不可能です。しかし参考になる曲ならあります。「フリー・アズ・ア・バード」です。と言えば熱心なファンは、ジョンが1977年に残した未完成の音源に残りのメンバーが手を加え、95年に『アンソロジー』で発表したこの曲をあげるのはいかがなものかと思うかもしれません。

ぼくもこの曲が彼らの代表作だと言うつもりはありません。しかしこの曲をあげるのは、解散から四半世紀後、メンバーが自分たちの過去を振り返ってまとめた作品ならではの客観性があり、ビートルズらしさがヴァーチャルに凝縮されているからです。ビートルズの名曲の歩みをたどる鳥瞰図的な映像が使われたヴィデオ・クリップも、リヴァプールから出発して60年代を駆け抜けた彼らのルーツを強く感じさせます。

ハンター・デイヴィスの伝記本にしか出てこないのですが、ジョン・レノンの父方の祖父ジョン（あるいはジャック）・レノンについてこんな記述があります。

「生れはダブリンだが、人生の大半をアメリカで、職業歌手として送った。初期のケンタッキー・ミンストレルズのメンバーだったという。歌い手をやめてから、リヴァプールへ帰り、そこでフレッド（ジョンの父親アルフレッド）が生れた」（『ビートルズ・上』Ｐ117）

マーク・ルイソンの『ザ・ビートルズ史・上』では、この祖父は1855年におそらくリヴァプールで生まれたと推測されています。「頭が良く、楽天的な性格で、大きな声で歌い、よくパブに顔を出した。勤め先は主として貨物輸送の会社だったが、その人生は波乱に富んでいて謎も多く、行き詰まりや欺きの連続だった」（Ｐ41）とあります。アメリカにいたとは書かれていません。

このくいちがいの謎は、いまとなっては解明できませんが、「波乱に富んでいて謎も多く」とありますから、家族や親族にもおもしろおかしく体験を脚色して話すような口八丁手八丁な人だったのでしょう。そこでこの章では「初期のケンタッキー・ミンストレルズのメンバーだった」という最もおもしろい説にしたがって、話を進めてみることにしましょう。

ブラックフェイス

ミンストレル・ショウは19世紀から20世紀初頭にかけてアメリカで人気のあった劇場娯楽で、その内容は歌、踊り、語り、寸劇などで構成されていました。１８３０年代から40年代にかけて最盛期を迎え、有名どころだけでも数十の劇団が全米各地を巡演。そのための専業の作曲家や台本作家も登場しました。アメリカ音楽の父と呼ばれるスティーヴン・フォスターの「オールド・ブラック・ジョー」や「マイ・オールド・ケンタッキー・ホーム」などの名曲もミンストレル・ショウのための作品でした。ミンストレル・ショウと楽譜を売る出版社はそれらの歌を全米に広める媒体の役割を果たしていましたが、当時の楽曲の権利は買い切りだったため、一座や出版社は巨利を得ましたが、フォスターは困窮のうちに亡くなったと伝えられています。

ミンストレル・ショウの人気演目は、黒人差別を前提として、白人の俳優が顔を黒く塗って（ブラックフェイス）、南部の大農園の間抜けな黒人奴隷を演じて笑わせる寸劇や歌でした。30年代にはトーマス・ライスが演じたジム・クロウという黒人像が人気を博し、その画像がポスターで広まりました。19世紀後半に人種差別を容認する法律がジム・クロウ法と呼ばれたことで、その亡霊は芸能の世界にとどまらず、人種差別を象徴する言葉としてアメリカ社会に生き続けることになります。

ビング・クロスビーは「ホワイト・クリスマス」をうたったことで知られる映画『ホリデイ・イン』（１９４２年）にブラックフェイスで登場し、リンカーン大統領をたたえる歌「エイブラハム」をうたっていました。それはハリウッドも観客の大多数を占める白人も、その時点ではブラックフェイスが差別にあたると認識していなかったからに他なりません。なにしろ南部では人種隔離政策が公然と行なわれていた時代のことです。

50〜60年代の公民権運動を経て、意識が変わっていったとはいえ、有形無形の障壁はいまだに解消されたとは言えません。２０２０年の白人警察官による黒人殺害をきっかけにブラック・ライヴズ・マターの運動がにわかに勢いを増したことが差別問題の根の深さを物語っています。

61回のグラミー賞（２０１９年2月）で、最優秀レコードに選ばれたチャイルディッシュ・ガンビーノの「ジス・イズ・アメリカ」は、差別や銃問題などアメリカ社会の抱

ミンストレル・ショウのポスター

える問題を描いた曲でした。ヒップホップ調の曲が最優秀レコードに選ばれたのは史上初のことで、ミュージック・ヴィデオ部門でもグラミー賞を受賞しましたが、その中にも彼がジム・クロウのポスターを連想させるようなポーズをとる画面が出てきました。

イギリスでも流行

19世紀に話を戻しましょう。当時のミンストレル・ショウは新世界アメリカの文化として海外にも輸出され、前述のトーマス・ライスは1836年にロンドンでジム・クロウの役を演じて喝采を浴びました。ステージでバンジョーを演奏した最初のブラックフェイスのひとりジョエル・スウィーニーは、名前からしてアイルランド系の人かと思われますが、彼の参加したヴァージニア・ミンストレル・ショウは43年にイギリスやアイルランドをツアーして人気を博しました。また、46年から47年にかけて人気劇団のエチオピアン・セレネイダーズはイギリス各地で400回を超える公演を行ない、彼らが紹介した「ルーシー・ニール」はイギリスでさまざまな替え歌が生まれるほど流行しました（『Black and British:A Forgotten History』P270～5）。

前章でふれたジャガイモ飢饉に苦しむアイルランド各地からの移民がリヴァプール経由で多数アメリカに渡り続けていたのはまさにこの少し後の時期のことでした。ジョン・レノンの曾祖父ジェイムス・レノンが北アイルランドからやって来たのが49年。彼がアメリカに行かず、結婚してリヴァプールに残ったことで、後にジョンが生まれることになるわけです。イギリスではじめて黒人の居住地区が登場したのは18世紀のリヴァプールでしたから、曾祖父はもしかしたら黒人たちと何らかの接触があったかもしれません。ジョンの曾祖父と同じ年49年にロンドンに亡命してきたカール・マルクスも、ミンストレル・ショウで覚えた歌を子供たちにうたって聞かせたと言われています。

イギリスではミンストレル・ショウに参加するアイルランド人やスコットランド人の

ブラックフェイスの芸人もいました。彼らはアイリッシュ・ニガーやスコティッシュ・ニガーと呼ばれ、劇団に属さないで街路で踊りや歌を演じて稼ぐこともありました。また、ミンストレル・ショウの劇団員にも街角の芸人にも黒人の出演者が増えてきました。

19世紀の中頃にはイギリスの芸能界で成功した黒人の記録も残りはじめます。１８３７年にフィラデルフィアからバンドをひき連れてイギリスにやってきたヴァイオリン奏者フランク・ジョンソンは、幅広いレパートリーを持ち、ヴィクトリア女王の前でリール、ジグ、カントリー・ダンスなど宮廷で人気のあった音楽を演奏して評判を呼びました。前述のエチオピアン・セレネイダーズに参加していた黒人のマスター・ジュバことウィリアム・ヘンリー・レーンは、卓越したタップ・ダンスとタンバリンと歌で、48年のロンドンやリヴァプール公演で一座の人気をさらったといいます。

混血のサーカス団長とミスター・カイト

音楽家ではないパブロ・ファンクも成功者の一人です。詳しい伝記は不明ですが、彼はアフリカ系の男性とイギリス人女性の間にノーウィッチで生まれたそうです。少年時代からサーカス芸人として頭角を現わし、１８４０年代には独立してサーカス団を創設。

30年近くにわたってイングランド北部を巡業して人気を集めました。ヴィクトリア女王の前で馬術の曲芸を披露したこともあります。

彼は折にふれて慈善公演を行なっていましたが、そのひとつが1843年2月14日火曜日のランカシャー州ロッチデイルでの公演です。〈今季最強の夜〉と銘打たれたパブロ・ファンク・サーカス・ロイヤルのポスターが残っていて、絵と出演者と演し物《だ》などが書かれているのですが、その中ほどに「ビーイング・フォー・ザ・ベネフィット・オブ・ミスター・カイト」という文字がひときわ太いゴチック体で書かれています。

といえば、ピンとくる方がいらっしゃるでしょう。そうです。ビートルズの1967年発表の『サージェント・ペパーズ』に収録された曲と同じタイトルです。というより、ジョン・レノンがこのポスターからタイトルを借りたのです。

67年1月、「ストロベリー・フィールズ・フォーエヴァー」用の映像撮影のためにケント州セヴンオークスを訪れていたとき、ジョンは古道具屋でこのポスターを買って帰ります。ジョンはポールとそのポスターを眺めながら、語句をアレンジしてこの歌を作りました。細部は曲に合わせて変えられていますが、固有名詞など歌詞の多くはポスターからそのまま引用されています。

歌にはポスターにない歌詞も出てきます。それは音楽の描写です。ヘンダソン一家がうたい踊り、馬のヘンリーがワルツを舞い、バンドが6時10分から演奏をはじめるという告知がうたわれています。当時のサーカスには管楽器や打楽器だけでなく、バンジョーを弾く人がいたことも多かったはずですが、パブロのサーカスはどんな音楽を演奏していたのか、想像をそそられます。レコードではジョンの希望でジョージ・マーティンがテープを切り貼りして作り上げた遊園地の蒸気オルガンのようなサウンドが、擬古的な雰囲気をかもし出しています。

この曲を着想したとき、ジョンやポールは、元はといえば黒人を踏み台にしたヴィクトリア時代の繁栄の中で、差別を跳ね返しながら人気を保ち続けた混血の団長の人生について、知っていることや思いをめぐらせることがあったのでしょうか。万が一にも機会があればポールにたずねてみたいものです。

奴隷解放と黒人霊歌

ミンストレル・ショウがイギリスに紹介された時期は、イギリスで奴隷解放運動が盛り上がった時期と重なっていました。たとえば1830年代からアメリカの有名な逃亡奴隷が何人もイギリスに来て、各地で体験談を語り、多くの聴衆を集めていました。自伝『数奇なる奴隷の半生』で知られるフレデリック・ダグラスは、1845年から47年まで1年半余りイギリスに滞在し、300回以上の集会で演劇的な語りを駆使して聴衆に感銘を与えたと言われています。つまり、先にふれたエチオピアン・セレネイダーズとちょうど同じ時期に彼はミンストレル・ショウとは相反する主張を携えてイギリスをツアーして回っていたわけです。

1861年から65年にかけてアメリカでは南北戦争が起こり、65年には北軍が勝利して、奴隷が解放されます。ただしそれで差別が根本的に解決したわけでなく、問題解決が先送りされただけだったことは、歴史が物語っているとおりです。黒人のほとんどは奴隷制度から解放されても、厳しい条件でそれまで働いていた農場にしばりつけられるか、リストラで職を失ってさらに貧しくなるしかありませんでした。そしてミンストレル・ショウは依然として〈間抜け〉な黒人のイメージを再生産し続けていました。

とはいえ、新しい息吹も生まれてきました。黒人学生コーラス・グループのフィスク・ジュビリー・シンガーズがイギリスを訪れて、クラシックの合唱風の端正なコーラスで黒人霊歌（ニグロ・スピリチュアル）を披露し、大きな反響を巻き起こしたのは19

世紀後半のことです。1873、75、84年の3度にわたったツアーで、このグループはミンストレル・ショウの〈黒人らしさ〉とは異なる〈黒人らしい〉音楽をはじめてイギリスに紹介しました。

前述のフレデリック・ダグラスは『数奇なる奴隷の半生』で、支給品を受け取るために奴隷たちが農場のお屋敷に向かう道すがら、森を歩きながら声を合わせて「最も熱狂的な調子で最も悲しい感情を唄い、また、最も悲しい調子で最も熱狂的な感情を唄った」様子を描写しています（P34）。「すべての曲が奴隷制に反対の証拠であり、束縛からの解放を求める神への祈りであった」（P35）とも書いていますが、黒人霊歌はそうした無数の奴隷の悲しみを蒸留して生まれてきたものでした。

ミュージック・ホール

1880年代には、ミンストレル・ショウから離れて、イギリス各地の劇場やミュージック・ホールに出演する黒人芸人も出てきました。ビル・カーサンズ、ジェイムス・ボヒー、ジェイムス・ブランドらは王室でも公演した人気者です。中でもジェイムス・ブランドは「世界最高のミンストレル・マン」と呼ばれ、1881年から20年間イギリスを拠点に活動。バンジョー弾き語りで人気を集めました。

ブランドの作った「キャリー・ミー・バック・トゥ・オールド・ヴァージニー」は1997年までヴァージニア州歌として親しまれていました。彼自身は解放奴隷の知識人の息子としてニューヨークで生まれた都会っ子ですが、南北戦争時代の伝承曲に歌詞をつけて1878年に発表したこの作品は、奴隷解放後の歌なのに、南部の農園を懐かしむミンストレル調の歌でした。彼はフォスターと同じように、世間の求めに応じて南部らしさを想像しながら割り切って書いたのでしょうか。それとも内心の葛藤に苦しみながら作ったのでしょうか。この曲は後にルイ・アームストロングやレイ・チャールズもアレンジを大幅に変えてソウルフルにうたっていますが。

なお、イギリスのミュージック・ホールは旅館や居酒屋などの演芸コーナーが独立して飲食のできる劇場に発展していったもので、19世紀の中頃から後半にかけて最盛期を迎えました。絵がたくさん残っていますが、大きなホールになると、収容人員が数百人にも及びました。舞台では音楽、寸劇、踊り、その他さまざまな娯楽が主に労働者階級の観客の息抜きに提供され、酒席につきものの「上品ではない」芸も珍しくなかったそうで、20世紀に入って衰退していったことも含め、ミンストレル・ショウに近い文化的、社会的役割を果たしていたと思われます。当初の民謡にかわって職業的作曲家が登場してきたのもミンストレル・ショウと同じです。大きな劇場は専属のバンドを抱え、ピアノなど大型の楽器も備えていました。

BBCのミンストレル・ショウ

脱線が長くなりました。ジョンの祖父が参加していたというケンタッキー・ミンストレルズが、アメリカの劇団だったのか、イギリスの劇団だったのか、前述の伝記からはどちらとも断定できませんが、アメリカの一座だとすれば、ネットを検索してもほとんど情報がないので、それほど有名な一座ではなかったようです。

ではイギリスの一座だった可能性はどうでしょうか。

イギリスでは1933年から50年までBBCラジオが「ザ・ケンタッキー・ミンストレルズ」という番組を放送していました。番組のプロデューサー／ピアニスト／作曲家ハリー・S・ペパーの父親はミンストレル・ショウの影響を受けて〈ホワイト・クーンズ〉というショウを主宰していた人です。〈クーン〉は〈ジム・クロウ〉同様ブラックフェイスが演じた黒人男性のキャラクター名で、アメリカにはタイトルにクーンがついた曲がたくさん残っています。

番組の主役はアメリカの俳優ハリー・スコットとエディ・ホウェイリー、ミュージシャンのアイザック・〝アイク〟・フラワー・ハッチ。3人とも黒人でした。34年にはハリーとエディ主演で同名の映画が、48年にはアイザック主演でテレビ番組も作られました。「セントルイス・ブルース」の作者W・C・ハンディのメンフィス・ブルース・バンドでバンジョーを弾いていたこともあるアイザックはテナー歌手で、レコードも残しています。彼らはまたミュージック・ホールやクラブにも出演していました。

そのいずれかにジョンの祖父が何らかの形で関わっていたという説の難点は年齢です。というのは祖父は1921年に亡くなっているからです。ハリー・S・ペパーが父親の〈ホワイト・クーンズ〉を手伝っていた1910年代に、ジョンの祖父が関わりを持ち、それがインタビューをまとめる段階で、後の「ケンタッキー・ミンストレルズ」と混同された可能性はあると思いますが。

この番組の人気を受けて、テレビ版ケンタッキー・ミンストレルズとして作られたのが「ブラック・アンド・ホワイト・ミンストレル・ショウ」で、1958年から78年まで放送されていました。この番組は白人女性とブラックフェイスの男性が大人数のコーラスやソロでうたい踊るヴァラエティ・ショウでした。ブラックフェイスが持つ歴史的な文脈を思うと、アメリカで黒人の公民権運動が広がっていった時期に、差別的な過去を持つコンセプトの番組がイギリスの国営テレビで放送され続けていたのは驚きです。

その番組では白人女性とブラックフェイスの男性が親しげに手を取りあって一緒にうたうという、同時期のアメリカのテレビではありえなかった演出の場面もありました。とはいえ白人の歌手が黒塗りして口の周りを白く塗り、黒人のステレオタイプなイメージを再生産し続けたことも確かです。日本でも80年代にシャネルズがブラックフェイスでデビューしたときや、２０１７年に浜田雅功がエディ・マーフィーを演じて批判されたことは記憶されている方が多いと思います。

ビートルズのメンバーはこの番組を見たことがあったのでしょうか。見たとしたらどんなふうに思っていたのでしょう。音楽的にはアメリカのスタンダードなポップに通じる歌が多い番組だったので、たぶんさして興味を示さなかった可能性が高いと思いますが。

なお、ハリー・S・ペパーが構想したザ・ケンタッキー・ミンストレルズというイギリスの大編成のコーラス・グループが35年から41年にかけて十数枚のＳＰを残しています。おそらくＢＢＣの番組でも使われた音楽なのでしょう。黒人メンバーの録音はなく、オルガンの伴奏つきや無伴奏のクラシック系の合唱スタイルが多く、ヴィクトリア朝時代にイギリスでも知られたフォスターの曲や黒人霊歌やパーラー・ソング的な歌をうたっています。

バンジョーを弾いていたジュリア

ジョン・レノンの母親のジュリアは音楽が好きで、ジョンのよき理解者でした。彼女は父親から教わったバンジョーを弾いて同時代のポピュラー・ソングやスタンダードをようたっていました。ジュリアがいくつかバンジョーのコードを教えてくれたので、ジョンは56年にギターを弾きはじめたとき、６弦のうち音の高い方の４弦をバンジョーのチューニングで弾いていました。

ジュリアやジュリアの父親は誰のバンジョーを聞いていたのでしょう。ジュリアに関していえば、ジョージ・フォームビーの音楽を聞いていたにちがいありません。30年代から40年代にかけてコメディアンとして人気のあった彼はウクレレやバンジョーレレ（小さなバンジョーの共鳴胴にウクレレのネックをつけたような小型の楽器）を弾きながらミュージック・ホールや映画に出演していました。ジュリアはリヴァプールの有名な映画館で客席案内係として働いていましたから、当然、彼の映画も見ていたはずです。ビートルズのメンバーではジョージ・ハリスンがときおりウクレレやバンジョーレレを弾いていました。幼児期、彼の家ではいつも家族の好きなフォームビーの音楽が流れていたそうです。ジョン・レノンは子供のころクリスマスに育て親のミミと一緒にフォームビーのステージを見に行ったこともあります（『ザ・ビートルズ史・上』P92）。

この章のはじめに書いた「フリー・アズ・ア・バード」のヴィデオでは、少年時代のビートルズの写真が飾られた部屋にはじまり、彼らの軌跡や作品にちなむ映像が走馬灯のようにかけめぐっていきます。いったん歌が終わった後、リンゴの見事なドラムではじまるコーダの部分では、若いビートルズが劇場に駆け込む場面が続きますが、その劇場では小太りの芸人が一人でスポットライトを浴び、まばらな観客を相手にウクレレを弾いています。カメラは舞台脇から裏に回り、観客がぱらぱらと拍手する中、芸人がお辞儀をして、幕が下りていきます。ミンストレル・ショウやミュージック・ホールの歴史がビートルズの音楽に連なり、さらに最新のデジタル編集で現代につながっていることを感じさせる心にくい演出です。

4 スキッフルがなければ
「レディ・マドンナ」「ハニー・パイ」をめぐる章

手作りの楽器を使い演奏

この章はビートルズ結成のきっかけを作ったスキッフルの話です。

スキッフルの語源に定説はありませんが、もともと貧しい黒人の相互扶助の家賃集めのパーティを指す言葉で、そのとき演奏された音楽がそのままスキッフルと呼ばれるようになったという説をとっておきましょう。

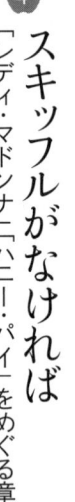

そこでは具体的にどんな音楽が演奏されたのでしょうか。

前章でふれたミンストレル・ショウでは、アメリカ南部の農園の黒人らしい楽器としてバンジョー、ヴァイオリン（フィドル）、タンバリンなどが使われていました。19世紀末から20世紀初頭にかけては、それに代わってギター、ピアノ、管楽器などを使うミュージシャンが増え、たとえばジャズ誕生前夜の音楽ブルースはギター伴奏で、ラグタイムはピアノ演奏で広まりました。管楽器中心の都会的な音楽として登場してきたジャズでは、バンジョーやフィドルも使われましたが、どちらかといえば脇役の存在でした。

しかしバンジョーやフィドルが主役になれる音楽もありました。アメリカ南東部のストリング・バンドの音楽です。ストリング・バンドは、主にバンジョー、フィドル、ギター、マンドリン、ベースなどの弦楽器で編成されたバンドのことです。白人のストリング・バンドの音楽は民謡的なものが多く、１９３０年代以降、商業化が進んでカントリーやブルーグラスに受け継がれていきます。それに対して黒人のストリング・バンドは主にブルースやジャズを演奏していました。しかし20年代から30年代にかけてのストリング・バンドの録音を聞くと、両者の境界はそれほど明快ではなく、ときには白人と黒人の混成バンドもありました。実際には両者の交流は録音されたものよりはるかに多かったという説もあります。

高価な楽器が買えない黒人たちは、手作り楽器を使い、手近にあるものを楽器の代用にしていました。こすったり、叩いたりする洗濯板（ウォッシュボード）、盥《たらい》や箱の共鳴胴に棒と弦をつけたベース、箱で作ったバンジョー、瓶の口から息を吹きこんで鳴らすジャグ、二つ組み合わせて叩くスプーン、吹くとべーべー鳴るおもちゃの楽器カズーなどです。グループは楽器編成によってジャグ・バンドやウォッシュボード・バンドと呼ばれました。その同じバンドが家賃集めのパーティなどで演奏した場合はスキッフル・バンドと呼ばれた、ということではないかと思われます。

南部からシカゴへ

残っている録音、たとえば黒人のクラリネット奏者ジミー・オブライアントのウォッシュボード・バンド名義の1924～25年の録音を聞くと、クラリネット、洗濯板、ピアノの編成で、ジャズを簡略化したような演奏です。この人はジェリー・ロール・モートンやルイ・アームストロングなどのニューオーリンズ・スタイルのジャズ・バンドで活動していたジャズマンで、代用楽器のサウンドの限界も知っていましたから、これはノヴェルティ感覚の珍しさを狙った遊びのレコードだったのでしょう。ノヴェルティとは、新奇な、目先の変わった、物珍しく、コミカルなアイデアで売れる曲というくらいの意味です。30年代前半に人気のあったメンフィス・ジャグ・バンドにしてもレコーディングが続いたのは34年ぐらいまでです。

南部ではじまったスキッフルは、黒人ジャズメンやブルースメンの北上と共にシカゴに伝わりました。1930年にパラマウントから発売された78回転SPの『ホームタウン・スキッフル』の音楽はブラインド・ブレイク、チャーリー・スパンドなど数名の黒人アーティストが誰かの部屋でおしゃべりしながら交代で演奏する設定で録音されています。バンド形式ではなく、代用楽器も使われていませんが、家賃集めパーティのスキッフルを意識した演出でしょう。演奏されているのはブルースやブギウギで、収録曲には後に日本で上田正樹と有山淳司が『ぼちぼちいこか』で取り上げるメロディも含まれています。

ロニー・ドネガン

そのスキッフルという言葉が50年代にイギリスで注目を浴びます。それはこういういきさつでした。

スコットランドのグラスゴーでスコットランド人の父親とアイルランド人の母親の間に生まれたアンソニー・ジェイムス・ドネガンという歌手がいました。彼はアメリカの古いブルースやカントリーやジャズに興味を持ち、自分のグループで活動していた1952年、イギリスを訪れたロニー・ジョンソンのツアーで前座に起用されます。そしてそれをきっかけに、敬意を表して芸名をロニー・ドネガンに変えます。ロニー・ジョンソンは黒人ギタリスト／バンジョー奏者で、兄のジェイムス・ジョンソンや白人のエディ・ラングと組んだ演奏はストリング・バンドによるジャズの先駆けをなすものでした。

当時のイギリスのジャズ界では、アメリカのビバップが新しいジャズとして注目される一方、古いニューオーリンズ・スタイルの「真正」なジャズがデキシーランド・ジャズ／トラッド・ジャズと呼ばれてリバイバルしていました。その旗手だったケン・コリヤーとクリス・バーバーのバンドにロニー・ドネガンはバンジョー／ギター奏者として雇われます。彼らのライヴでは、トラッド・ジャズ演奏の幕間にスキッフルと称して、ロニーがアメリカの古いブルースや民謡をうたうコーナーが作られました。ジャズメンからすれば、スキッフルはジャズより素朴な音楽という認識だったのでしょう。

このときのスキッフルという言葉は、直接には、ジャーナリスト／編集者として『エボニー』誌など多くの黒人雑誌や新聞に関わり、40年代にレコードも残したダン・バーリーのグループ名ヒズ・スキッフル・ボーイズから借りたものでした。ダン・バーリーはピアニストで、彼の演奏はブルース色の強いジャズが多いのですが、46年の「サウス・サイド・シェイク」や「ビッグ・キャット、リトル・キャット」のようにピアノ、ギター、ベース、ドラムによるR&B／ブギウギ寄りの演奏も残しています。

アメリカの古いストリング・バンドの音楽に詳しかったロニー・ドネガンは、スキッフルの時間にはギター、ベース、洗濯板の編成でうたっていました。その演奏が予想以上に反響を呼んだので、54年のクリス・バーバーのアルバムには、ロニー・ドネガンのスキッフル・パートも収録されました。レッドベリー作の「ロック・アイランド・ライン」「ジョン・ヘンリー」の2曲です。

レッドベリーはフォークの父ウディ・ガスリーとも交流のあったアメリカの黒人シンガー・ソングライターです。ウィーヴァーズがとりあげて50年代のはじめにヒットさせた彼の「グッドナイト・アイリーン」や「ミッドナイト・スペシャル」は今日ではブルースというよりフォークのスタンダードとして知られています。

その意味でレッドベリーは30年代までのアメリカ南部の音楽の境界の曖昧さを体現しているような人でした。彼の音楽をアメリカ議会図書館のために最初に録音したアラン・ローマックスはフォーク歌手でもあり、ロンドンを拠点に活動していた57年にBBCのフォークの番組の中で自身のスキッフル・グループ、ランブラーズを結成していたこともあります。これもスキッフルという言葉で示される音楽の幅広さというか曖昧さを物語るエピソードでしょう。

エルヴィスにはなれなくとも

「ロック・アイランド・ライン」はシングル・カットされると、56年1月にイギリスで大ヒットしました。スキッフル・バンドはお手軽な楽器編成でしたから、一説によるとそれを見たイギリスの若者たちの間で何万組ものバンドが生まれたと言われています。後にレッド・ツェッペリンを結成してスキッフルとは似ても似つかぬハード・ロックのギターヒーローになるジミー・ペイジでさえ、13歳のときテレビ番組でスキッフルを演奏していたことが、当時のスキッフル熱の広がりを物語っています（映像がYouTubeにあります）。日本でいえば中学から高校にかけての時期にあたるクオリー・バンク校に通っていた16歳のジョン・レノンが結成したクオリーメンも、そんなバンドのひとつでした。

ただし結成はロニー・ドネガンの曲がヒットしたすぐ後ではなく、その年の年末近くになってからです。1年近く間が空いたのは、その間に彼の運命を変えるエルヴィス・プレスリーの音楽に出会って迷いがあったからですが、それについては6章でふれます。

北アイルランド出身のヴァン・モリソンが言うように「エルヴィスにはなれなくとも、ロニー・ドネガンにはなれる」と思わせるとっつきやすさが「ロック・アイランド・ライン」にあったことは確かです。

イギリスのシンガー・ソングライター、ビリー・ブラッグはスキッフルがいかにして世界を変えたのかという副題のついた著書『Roots, Radicals and Rockers: How Skiffle Changed the World』で、スキッフルを通してイギリスの若者は、それまでのジャズでは脇役だった（アコースティック・）ギターを親とはちがう自分たちの世代の楽器として発見し、スキッフルのルーツにあるアメリカの黒人音楽にふれたと書いています。また、70年代以降のパンク・ロックはその継承者であるとも語っています。

しかしすでにエルヴィス・プレスリーを知ってからクオリーメンをはじめたジョン・レノンにとって、スキッフル・バンドは目的ではなく、ロックンロールをやるための通過点でした。

57年の1月、リヴァプールのマシュー街にキャヴァーン・クラブが開店します。マルセル・カルネ監督の映画『危険な曲り角』にも登場するパリのセーヌ川左岸、サンジェルマンのラテン・クォーターにいまもあるジャズ・クラブ〈ル・カヴォー・ドゥ・ラ・

フシェット〉を模したその店にクオリーメンは57年の8月、幕間の余興にスキッフル・バンドとして出演しましたが、そのとき友人がバンドのために作った名刺には「カントリー・ウェスタン・ロックンロール・スキッフル　ザ・クオリーメン」と書かれていたそうです。ステージでそれを実行した彼らのもとには、ジャズ・マニアのクラブの店主から「そのいまいましいロックをやめろ」というメモが回ってきたそうです（『ザ・ビートルズ史・上』Ｐ２１０）。

ジョンとポールの出会い

ロックンロールに邁進してからのビートルズの音楽にスキッフルの痕跡はほとんど残りませんが、スキッフルがジョン・レノンとポール・マッカートニーを出会わせたことの重要性はいくら強調してもしすぎることはありません。クオリーメンはパーティなどで演奏しながら、メンバー・チェンジをくりかえしていましたが、57年7月6日にウールトンのセント・ピーターズ教会の野外バザーで演奏していたとき、ジョンの友だちに連れられてやって来たのがポールでした。休憩時間にロックンロールについての情報を交換しあってポールが気に入ったジョンはやがてグループに彼を誘います。ジョン16歳、ポール15歳のときです。58年の1月にはポールの友人だったさらに1歳下のジョージがギタリストとして参加。そこで後のビートルズのメンバーのうち3人が顔をそろえることになります。

スキッフル時代のジョン・レノン

「歴史のもしも」に意味はないと言われますが、ジョンがスキッフル・バンドをやっていなかったら、ポールと出会っていたかどうか。2人ともリヴァプールという狭い世界でミュージシャンを目指していましたから、いずれ別の機会に出会っていたでしょうが、2人とも何者でもなかった時期に出会ったことが重要です。タイミングが遅れていたら、一緒にバンドを組む前にすでに別々のバンドで活動していたかもしれないのです。

運命はちょっとしたことで変わっ

てしまいます。イギリスの徴兵制度が廃止され（決定が57年、実施が60年）、クオリーメン／ビートルズのバンド活動が中断せずにすんだこともそうです。その時期には、エジプトに国有化されたスエズ運河の管理権を取り戻そうと、イギリス軍はイスラエル軍やフランス軍と申し合わせてエジプトを侵攻しています（56年秋の第二次中東戦争、スエズ動乱）。その戦争は未来のビートルズのメンバーにとって徴兵制度が他人事でなく、近未来の現実であることを示す暗雲のようなものでした。

ジョージ・ハリスンは、少年時代、母親がアラビア語のラジオ放送を聞いていた思い出を語っています（『THE BEATLESアンソロジー』P26）。たぶん母親はエキゾチックなアラブ歌謡を聞いていたのでしょう。ポールが提案した「涙の乗車券」のリンゴのドラムはアラブ音楽に通じるという説もあります。

エジプトは長らくイギリスの半植民地状態でしたが、52年7月の革命で王政を倒した軍事政権はイギリス離れを志向します。それに対してイギリスが起こしたのが56年の戦争でした。しかしこの戦争は米ソの介入で中途挫折し、その後に相次ぐ植民地の独立とあいまって、超大国イギリスの凋落を告げる世界史の分岐点のような出来事でした。

56年の戦争の時点でエルヴィス・プレスリーに熱中していた未来のビートルズのメン

バーは、2年後の58年には人気絶頂期のエルヴィスが徴兵で活動休止したニュースを複雑な思いで聞いたにちがいありません。除隊後のエルヴィスの音楽から初期の先鋭な感覚が失われたことはよく知られている通りです。

バディ・ホリー調

自伝の『耳こそはすべて』にはふれられていませんが、ジョンがクオリーメンを結成しようとしていたころ、ジョージ・マーティンは実はスキッフル・バンドをプロデュースしていました。それはロンドンのソーホー地区で活動していたヴァイパーズ（・スキッフル・グループ）です。彼らは56年秋に録音をはじめ、最初のシングルは不発でしたが、57年の1月から5月にかけて3枚のシングルをヒットさせています。そのうちの1枚のB面はBBCで放送禁止になった「マギー・メイ」でした。クオリーメンもレパートリーにしていたこのリヴァプール民謡が、後にビートルズの『レット・イット・ビー』に短く収録されたことは1章でふれました。

5人編成のヴァイパーズのアコースティックなサウンドは、フォーク・グループがロック風のリズムで演奏しているように聞こえます。中でも注目されるのは、57年1月にヒットした「ドンチュー・ロック・ミー・ダディ・オー」です。この曲はロニー・ドネガンも同時期に録音し、ジョンはロニーのシングルを買っていました。

タイトルが変えられていますが「ダディ・オー」はアメリカのカントリーのバンジョー奏者アンクル・デイヴ・メイコンの27年の曲「セイル・アウェイ・レイディーズ」のカヴァーでした。もとはケンタッキー州やテネシー州のストリング・バンドに演奏されてきたスクエア・ダンスの曲で、メロディからするとアイルランド由来ではないかと思われます。

アンクル・デイヴ・メイコンの演奏とヴァイパーズの演奏を聞きくらべてみると、ビル・モンローのブルーグラス・ワルツ曲「ブルー・ムーン・オブ・ケンタッキー」をエルヴィスがR&B風の8ビートのリズムでうたった54年のレコーディングのことが思い出されます。エルヴィスのロックンロールはその瞬間からはじまったのですが、ヴァイパーズやジョージ・マーティンはそれを意識していたでしょうか。たぶん意識していたでしょう。

ヒットはしませんでしたが、ヴァイパーズはバディ・ホリー調に編曲した「ノー・アザー・ベイビー」という曲を58年にシングルで発表しています。

その曲を99年のアルバム『ラン・デヴィル・ラン』でカヴァーしたとき、ポール・マッカートニーは解説でこうコメントしています。一緒に演奏したデイヴィッド・ギルモア（ピンク・フロイドのギタリスト）らに、「この曲を知ってる？」とたずねたら、誰も知らなかった。ぼくも演奏するのは14歳のとき以来だが、そのときの気持ちに戻れた。シングルで発表された曲だが、レコードは持っていない。自分でもこの曲がどうして記憶に残っているのかわからない。

この曲を最初に録音したのはロニー・ドネガンのかわりにクリス・バーバーのグループに入ったディッキー・ビショップでした。しかしポールがヴァイパーズの曲として記憶しているのは、彼らがバディ・ホリー調にアレンジしていたことが印象に残ったからだと思われます。バディ・ホリーはクオリーメンがエルヴィスと同じくらい憧れていたロックンローラーで、彼らが自分たちのために最初に私家盤をレコーディングしたとき選んだ「ザットル・ビー・ザ・デイ」もバディ・ホリーの曲でした。ただし『ラン・デヴィル・ラン』でのポールの演奏はヴァイパーズともバディ・ホリーともちがってかなり重厚なロックに仕上がっています。

ビートルズがはじめてＥＭＩのスタジオでジョージ・マーティンと会ったときジョー

クでその場の空気がなごみ、会話がはずんだと伝えられていますが、そこで両者に共通の話題だったはずのスキッフルやヴァイパーズの話が出たとは、誰も語っていません。前述のようにジョージの『耳こそはすべて』の中にはヴァイパーズを担当したことすら書かれていないのが不思議です。

ブギウギ風のピアノ

『耳こそはすべて』といえば、その中でこんな失敗談が披露されています。それは50年、ジョージ・マーティンがまだＥＭＩのパーロフォン・レーベルに入って新米プロデューサーとして働いていたときの出来事です。クラシック畑出身の彼はポピュラー音楽の音を「乱雑」と感じることが多く、トラッド・ジャズのトランペッター、ハンフリー・リトルトンの録音でベース奏者の演奏が気に入らず「ボクシングのグローブをつけて弾いてるみたいな音がする」と言ったところ、リーダーのハンフリーが激怒してスタジオを出て行ってしまったのです。頭の中が真っ白になるような体験ですが、そのときはジョージが平謝りに謝って事なきを得ました（Ｐ55）。

それから６年後の56年の夏、パーロフォン・レーベルで、ハンフリーが「バッド・ペニー・ブルース」をレコーディングしてヒットさせます。レーベルのA&Rの責任者になっていたジョージは制作現場には立ち会っていませんが、ハンフリーとの関係は修復していました。

56年の夏といえばスキッフル・ブームが起き、エルヴィス・プレスリーの曲が次から次へと爆発的にヒットしていたときです。ハンフリーは台頭してきたロックンローラーとは対照的に伝統的なジャズメンでしたが、この曲の冒頭のブギウギ風のピアノ・ソロはロックンロールの親戚筋と言ってもいい演奏です。

ロックンロールの最新動向に耳を尖らせていたビートルズのメンバーは、ラジオを聞いているときにハンフリー・リトルトンのヒット曲も当然耳にしていたでしょう。そして実際、このピアノは、ビートルズの68年の「レディ・マドンナ」のポールのピアノに影響を与えたと推測されています。比べてみると、音階やメロディはちがいますが、リフのグルーヴの出し方がよく似ています。ポールはファッツ・ドミノを意識したとも語っていますが、ファッツの有名な曲にはこんなフレーズは見当たりません。

ハンフリーは後に著書の中で「レディ・マドンナ」について、リズムに著作権はないからねと前置きして「ビートルズはトラッド・ジャズには関心がなかったが、『バッド・ペニー・ブルース』は好きだったようだ、ブルージーでスキッフル的な曲だから」と述べたそうです。ビートルズのメンバーが「レディ・マドンナ」の途中、口で管楽器のマネをしているのもスキッフル的と言えるでしょう。「バッド・ペニー・ブルース」のピアノを担当したジョニー・パーカーはブギウギにひかれてジャズをはじめた人ですから、イギリスのスキッフル・ブームの名前の元になった前述のダン・バーリーのブギウギ風のピアノも知っていた可能性は高いでしょう。もしそうでなかったとしても、スキッフルとジョージ・マーティンとビートルズのメンバーは56年という節目の年に、時代の流れに巻きこまれながら近づいたり遠ざかったりしていたわけです。

先にも言いましたが、スキッフルの要素がその後のビートルズの演奏の中で特に大きな位置を占めているわけではありません。「イエロー・サブマリン」の効果音、「ア・デイ・イン・ザ・ライフ」の目覚し時計、「マックスウェルズ・シルヴァー・ハンマー」の金槌の音などの使い方がスキッフル的と言えなくもありませんが、それよりたとえば「ホエン・アイム・シックスティ・フォー」や「ハニー・パイ」のような曲のほうがスキッフルの名残を感じさせます。

ポールは父親の世代が愛した20年代のアメリカのヴォードヴィルやイギリスのミュージック・ホールの音楽へのオマージュとしてこの2曲を作りました（5章をご参照ください）。ビートルズの曲は都会的に編曲されていますが、リズムの感覚は共通するので、もし代用楽器をまじえたストリング・バンド編成で演奏すれば、この2曲はスキッフルに聞こえるでしょう。

スキッフルはその時代の主流のポピュラー音楽の手作り楽器による簡略版であると同時に批評的な解釈でもあります。前述のビリー・ブラッグはその意味で、ポピュラー音楽の主流に物申したパンク・ロックの姿勢にスキッフルに通じるものを見たのでしょう。90年代以降、おもちゃの楽器の他、音の出るものなら何でも使って演奏するパスカル・コムラードのような人が出てきて、トイ・ポップと呼ばれていますが、それもスキッフルの流れを汲む音楽です。観点を少しずらせば、スキッフルの精神は、パーティで楽器ではないターンテーブルを使って既成の音源を編集することからはじまったヒップホップの中にも生きていると言えるでしょう。

5 作品の源流はどこに？

「ティル・ゼア・ウォズ・ユー」「イエスタデイ」をめぐる章

あらゆるタイプの音楽の影響

ビートルズがいつも手にしていたのがロックにつきものの電気楽器だったため、彼らはロック世代の代表としてジャズ世代との断絶の旗振り役だったように思われていますが、ジャズ歌手が好んで取り上げる「イエスタデイ」や「ブラックバード」に明らかなように、彼らの音楽にはロック以外の音楽の要素が少なからず含まれています。

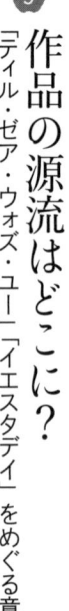

その2曲は共にポール・マッカートニーの作品ですが、ビートルズのメンバーの中で、ロック以前の音楽からの影響について、いちばん客観的な発言を残しているのは意外なことにジョージ・ハリスンです。

「音楽は常に超越的な性質を持っているから、自分では思いもかけないような部分にまで届くんだよ。そしてそれが、表現しようもない形で影響を与えている場合もある。自分とは関わりがないと思っていたものが、何年も経ってからひょっこり顔を出すことがあるんだ。ビートルズはあらゆるタイプの音楽に触れていて幸運だったと思う。僕らはラジオから流れてくるものなら何でも聴いた。あの頃はあれが何よりの楽しみだったんだよ」（『THE BEATLESアンソロジー』P27）

音楽好きな家族・親戚に囲まれて育ったジョージは、ロックンロールに直接つながるカントリーやブルース以外にも、ホーギー・カーマイケル、グレン・ミラー、ジャンゴ・ラインハルト、ステファン・グラッペリ、ビング・クロスビー、インク・スポッツなど多岐にわたる音楽に子供のころからふれていました。イギリスのミュージック・ホール的な音楽や他愛のない遊びの音楽も聞いていました。彼はこんなふうに語っています。

「『アイム・ア・ピンク・トゥースブラッシュ、ユーアー・ア・ブルー・トゥースブラッシュ』とか――そんなものですら、どこかで僕らに影響を与えてるんじゃないかな。こっちが望むかどうかは別としてね。そういうもののすべてが何らかの形で僕の中に入っていて、どこかでふっと顔を覗かせるんだよ」（『THE BEATLESアンソロジー』P26）

彼が引き合いに出した「アイム・ア・ピンク・トゥースブラッシュ」はＥＭＩのパーロフォン・レーベルが１９５３年に子供向けに発売したコミカルな歯磨き歌で、マックス・バイグレイヴスが子供たちと一緒にうたっていました。ジョージが影響を受けた例としてあげているのは、「イエロー・サブマリン」の中盤あたりの音の遊び、ブクブクという気泡の効果音やおしゃべりの部分です。

サイケデリック・ロックと解釈されることもあった「イエロー・サブマリン」ですが、この曲は幼児向けの歌として発想されたものでした。それまでの常識からすれば、ロック・バンドが幼児向けの歌を作ること自体が「マジか?」「ダセー!」と思われたでしょう。しかし彼らはもとから好きだったユーモアやナンセンスな言葉遊びを生かして子供向けの歌がロックになることを納得させたわけです。

両親も気に入る曲を

ポール・マッカートニーの父親ジムは若いころジミー・マック・ジャズ・バンド（ジム・マックス・バンドという表記も見かけます）を結成してトランペットを吹いていました。伯父のジャックは同じ楽団のトロンボーン奏者でした。

第二次世界大戦後、父親はバンド活動を止めていましたが、家にあるピアノをよく弾いていました。聞いた曲としてポールは「ラバイ・オブ・ザ・リーブス」「ステアウェイ・トゥ・パラダイス」「スタンブリング」「ベイビー・フェイス」などをあげています。ポールも、父親にすすめられて、家のパーティでピアノを弾くことがありました。「レッド・レッド・ロビン」「キャロライナ・ムーン」などです。年上のいとこのエリザベスは「マイ・ファニー・ヴァレンタイン」「フィーヴァー」「ティル・ゼア・ウォズ・ユー」などを聞かせてくれたとも語っています（『THE BEATLES アンソロジー』P18～19、22）

後に『サージェント・ペパーズ』にミュージック・ホール的な編曲で収録される「ホエン・アイム・シックスティ・フォー」は、もとはポールが16歳のときに作りはじめた曲です。すでにエルヴィス・プレスリーやリトル・リチャードのロックンロールに熱中していた時期ですが、この曲を作るときはなんとフランク・シナトラを思い浮かべていたというから驚きです。

ビートルズのデビュー・アルバムには「蜜の味」が、セカンド・アルバム『ウィズ・ザ・ビートルズ』には「ティル・ゼア・ウォズ・ユー」が収録されていました。

前者については7章でふれますが、後者は1950年にメレディス・ウィルソンによって「ティル・アイ・メット・ユー」として発表された曲で、おとなしいポップ・バラードでした。それがミュージカル『ミュージック・マン』（1957年）に使用されたときこのタイトルに改められ、1959年にアニタ・ブライアントのレコードでヒットしています。ポールはいとこからペギー・リーのレコードを貰ったようです。

この曲のビートルズの音源は62年のデッカ・オーディションの演奏をはじめ複数残っていて、アルバム『ウィズ・ザ・ビートルズ』ではガット・ギターで、ライヴではエレクトリック・ギターで演奏されています。ポールは63年の王室主催の慈善公演でも、64年のアメリカ進出時の『エド・サリヴァン・ショウ』でもこの曲をうたっていました。ジャズ世代のポップ・バラードがジョンの「ツイスト&シャウト」と対をなす初期ビートルズの重要なカヴァー・レパートリーだったわけです。この曲については6章でもふれます。

ポールのこの関心のありようからすると、彼が後に「イエスタデイ」や「ブラックバード」を作ったことも不思議ではありません。後年、ポールは「イエスタデイ」を作ったとき、「若いファンもいいけど、その両親にも気に入ってもらいたかった」（ジョウ・

スミス『ポップ・ヴォイス』Ｐ３０４）と告白しています。やはりポールの「レディ・マドンナ」の間奏のロニー・スコットのサックス・ソロもビートルズの曲の中では最もジャズ色の強い部分でした。

それでいてメロディや曲の構成やギターの弾き方やうたい方の感覚はジャズ世代の人たちとは明らかにちがうのがビートルズのおもしろさです。ポールのアコースティック・ギターとジョージ・マーティン編曲のストリングスだけで演奏される「イエスタデイ」を聞いてみてください。ジャズ世代のギタリストは絶対にこんなギターの弾き方はしません。

ポールはまた、ソロ時代に入ってからですが、ジャズ・ピアニスト／歌手のダイアナ・クラールを従えてアルバム『キス・オン・ザ・ボトム』で往年のポップ・スタンダードをうたっています。

ジョンもロック一筋ではない

「私が一五歳のとき、それまでにもずいぶんといろんなことがあったにもかかわらず、伝わってきたのはロックンロールだけだったのです」（『ビートルズ革命』Ｐ１５０）と語るくらいですから、ジョン・レノンはロック一筋の人と思われがちです。ポールのスタンダード嗜好も、ジョンはよくからかっていました。しかしそのジョンですら実はロックンロール以前の音楽と無縁ではありませんでした。ポールの証言です。

「ジョンが好きな曲のひとつが〈ドーント・ブレイム・ミー〉だった。（中略）（ジョンの）おふくろさんは音楽のできる人で、ジョンにバンジョウのコードを教えましたよ。ジョンが教わったそのコードをぼくはギター・コードに変えてやったんです。〈リトル・ホワイト・ライズ〉、〈ドーント・ブレイム・ミー〉なんて曲、ぼくら二人とも好きだった。ぼくがファッツ・ウォーラーの大ファンで、ペギー・リーの大ファンでもあり、うんと初めの頃は、みんながへえと思うような曲をやってましたよ」（『ポップ・ヴォイス』Ｐ３０４〜５）

ジョンは他にも「ラモーナ」や「ガール・オブ・マイ・ドリームズ」といったジャズ世代のポップ・ソングを母親から教わっていました。ドリス・デイの出た映画についても語っていますから、観たことがあったのでしょう（『ザ・ビートルズ史・上』Ｐ１２７、１５５）。

ジョンの初期の作品、57年作の「ハロー・リトル・ガール」について『ザ・ビートルズ史・上』はこんなエピソードを紹介しています（P293）。母親のジュリアがうたっていた「スキャターブレイン」の軽快な歌を思い浮かべながら、バディ・ホリーのようにギターを弾いていたら、この曲が出来たというのです。「スキャターブレイン」は39年のヒット曲で、ジュリアが参考にしていたのが女性歌手だとすれば、ルイーズ・トービンを加えた〈スウィングの王様〉ベニー・グッドマン楽団のレコードの可能性が高そうです。

われわれが聞けるデッカ・オーディション録音の「ハロー・リトル・ガール」は、「スキャターブレイン」と表面的に似ているわけではないので、単なるきっかけだったようですが、曲作りの後押しをされたのなら、それも影響のうちと言えなくはないでしょう。ジョージが言うように、無意識に影響されていたことまでは否定できないのです。『ホワイト・アルバム』収録の「ハニー・パイ」の間奏では、短いですが、フランスのジャズ・ギタリスト、ジャンゴ・ラインハルトばりのソロをとるジョンのギターを聞くこともできます。

「バス内の合唱」はロック以外の曲

リンゴもまたロックンロール／ロック以前のポピュラー音楽を幅広く聞いて育っています。継父のハリーが音楽好きで、往年のヒット曲をパブなどでよくうたっていたからです。また、サラ・ヴォーン、ビリー・ダニエルズ、ビリー・エクスタインといった歌手のことをリンゴに教えたようです。

親戚や仲間が家に集まって、バンジョーとマンドリンを弾きながら好きな歌をうたうことも多く、そんな席では少年のリンゴも「サムワン・ライク・ユー」「ノーバディーズ・チャイルド」などをオハコにしていました（『ザ・ビートルズ史・上』P109～110）。未確認ですが、前者は19年に作られたオペレッタ『エンジェル・フェイス』の挿入曲がスタンダード化したものでしょうか。後者はハンク・スノウのカントリー・ナンバーで、後にジョージ・ハリスンがボブ・ディランらと結成したトラヴェリング・ウィルベリーズも取り上げています。

みんなで一緒に歌をうたう光景は、映画『マジカル・ミステリー・ツアー』の観光バスの中の乗客の合唱場面で見ることができます。そこではリンゴが歌の音頭を取って、多様な曲を子供から老人まで世代を越えて一緒にうたったり、ハミングしたりしています。わかる範囲でその曲名をあげておくと「アイヴ・ガット・ア・ラヴリー・バンチ・オブ・ココナッツ」「トゥッ・トゥッ・トゥツィ」「アイルランド娘が微笑めば」「レッド・レッド・ロビン」「日曜はダメよ」「地獄のギャロップ」などで、ロック系の曲がひとつも含まれていないことに注目してください。

「アイヴ・ガット…」はイギリスの曲ですが、50年代にフレディ・マーティン・オーケストラやダニー・ケイによってアメリカで流行しました。「トゥッ・トゥッ・トゥツィ」は27年の世界初のトーキー映画『ジャズ・シンガー』の中でアル・ジョルスンが「お楽しみはこれからだよ」と前置きしてジャズとして紹介した歌。「アイルランド娘…」は12年のミュージカルで発表され、後にビング・クロスビーなどがうたって広まった曲。「レッド・レッド・ロビン」は前述のとおり少年時代のポールがピアノを弾いていた曲で、26年にアーヴィング・バーリンが作ったミュージカル・ナンバー。「日曜はダメよ」はギリシャの文化大臣にもなったメリナ・メルクーリが主演した60年作の同名映画の主題歌で、マノス・ハジダキス作。「地獄のギャロップ」はフレンチ・カンカンの踊りに使われて有名なオッフェンバックの１８５８年の作品です。

「ポップ」の定義とは

さて、ここまでポップやジャズやロックという言葉については自明のこととして話を進めてきましたが、ビートルズの音楽を語るときに欠かせない言葉なので、少し長くなりますが、説明におつきあいください。

ビートルズ登場以前の20世紀前半のアメリカの主なポピュラー音楽は、白人中心のポップ、黒人と白人によるジャズ、黒人中心のブルースやR&B、白人中心のカントリーでした。アメリカの音楽について語るのは、20世紀のイギリスのポピュラー音楽の動きはアメリカの音楽の影響を抜きにして語れないからです。

ポップはポピュラーの略で、英米ではヒット曲のことです。50年代にはミュージカルや映画主題歌やジャズなどのヒット曲が多く、ジャズ系の歌手がよく取り上げるスタンダードの大半がここに含まれます。当時の雑誌を見ると、日本ではポップではなくポピュラー、もしくは軽音楽と呼ばれていました。歌手のパフォーマンスはマイクの前で動かない人、体を軽く動かす人、振付けて踊る人などが多く、代表的な歌手としてはビング・クロスビーやフランク・シナトラやドリス・デイがあげられます。

しかし時代が変わって現在のポップは、エレクトリック／エレクトロニックなサウンドにのって軽快にはずむヒット曲がほとんどです。踊り回る人も多く、ポップには、別系統ではじけるという意味もありますから、ぴったりかもしれません。ただしヒットの有無にかかわらず、ポップと呼ばれやすいアーティストと呼ばれにくいアーティストがいます。たとえばマイケル・ジャクソンは〈キング・オブ・ポップ〉と呼ばれましたが、キッスの音楽はヒットしてもポップではなく、ロックやヘヴィ・メタルとみなされます。

ポップスという言い方もありますが、これは和製英語で、英米ではこれまでのところまれにしか見かけません。日本ではポップとポップスは、使う人によってニュアンスのちがいはあれ、混用されていて、洋楽を指すときは50年代後半以降のヒット曲を指すことが多いです。しかし邦楽で使われるときは要注意です。70年代後半から80年代にかけてポップスといえば、アイドル歌謡的なものを意味していました。90年代にJポップになってからは、使われ方が変わり、演歌以外のヒット曲（的なもの）を指して使われることが多くなりました。

ジャズ、R&B、カントリー

ジャズは19世紀から20世紀への変わり目のころにアメリカ南部ルイジアナ州ニューオ

ーリンズの黒人たちの間で生まれた音楽で、最初はよく知られている曲を即興をまじえて演奏したりうたったりするスタイルの音楽を指していました。1910年代以降は白人の演奏者も現われ、全米や世界各地に広がっていく過程でジャズ用の新しい曲が作られ、様式化、ジャンル化が進み、30年代以降は、スウィング、ビバップ、トラッド、クール、ファンキー、フリー、フュージョンなどに多様化して現在にいたっています。デューク・エリントンやマイルス・デイヴィスが代表的なミュージシャンですが、ルイ・アームストロングのようにジャズ・トランペッターとしてばかりでなく、ポップ歌手として成功した人もいます。

R&B（リズム・アンド・ブルース、あるいはアール・アンド・ビー）は、黒人のポピュラー音楽を総称して49年から音楽業界で使われはじめた言葉です。ジャズと別扱いされていますが、両方に含まれる曲もあります。40年代にスウィングから分岐してよりダンス寄りに特化したジャンプ・ブルースやジャイヴ（ジョー・ターナー、キャブ・キャロウェイ、ルイ・ジョーダンなど）、ギターやピアノ中心に都市で電気化されていったシティ・ブルース（B・B・キング、マディ・ウォーターズなど）、街角のコーラスから発展したドゥワップ・コーラス（オリオールズ、クローヴァーズなど）をはじめ、いろんなスタイルの音楽が含まれていました。

R&Bの一部はラジオDJのアラン・フリードによって50年代前半にロックンロールと呼ばれるようになりました（チャック・ベリー、ファッツ・ドミノ、リトル・リチャードなど）。その後、ソウルやブラックと呼ばれた時期もありますが、近年はまたR&B（アール・アンド・ビー）という言葉がよく使われています。

カントリーはヨーロッパからの移民が持ちこんだ民謡がアメリカ南部で土着化し、変化したものを基礎に、ポップからジャズまで多様な音楽の要素を取り入れながら商業化されていった音楽で、南部のテネシー州ナッシュヴィルが流行の発信地です。ストリング・バンドがさかんだったアパラチア山地の田舎者を意味するヒルビリーと呼ばれたことも、50年代から60年代にかけてカントリー&ウエスタンと呼ばれていたこともあります。ビートルズのメンバーではリンゴがいちばんのカントリーのファンで、アルバム『ヘルプ！』ではカントリーのカヴァー「アクト・ナチュラリー」をうたっていました。

南部メンフィスのサン・レコードから54年にデビューしたころのエルヴィス・プレスリーがカントリーとR&Bを融合してはじめた音楽はカントリーともロックンロールともロカビリー（ロック＋ヒルビリーの合成語）とも呼ばれていました。エルヴィスは56

年に全米デビューして爆発的な人気を集め、後に〈キング・オブ・ロックンロール〉と呼ばれるにいたります。エルヴィスと前後して、50年代後半にチャック・ベリーやリトル・リチャードやファッツ・ドミノやバディ・ホリーやカール・パーキンスもヒット曲を連発し、ビートルズのメンバーに大きな影響を与えました。

ビートルズ登場前夜

ティーンエイジャーが大人とは異なる文化的・社会的な存在として意識されるようになったのは20世紀の中期以降のことだそうです。歌手や演奏者が激しく騒々しく演奏するロックンロールは、第二次世界大戦後のベビーブーマーが、大人たちの「洗練されたポップ」ではない自分たちのものとして「発見」した音楽でした。戦後の経済成長のおかげでこづかいの増えたティーンエイジャーが消費活動を通じて大人の価値観や趣味に異を唱えはじめた結果とも言えます。

映画ではジェイムス・ディーンやマーロン・ブランドが親の世代の理解を得られない若者を演じて人気を集めていました。55年の映画『暴力教室』の少年たちは教室で先生の愛聴していたビックス・バイダーベックのジャズのレコードを割って気勢を上げ、その映画の主題歌、ビル・ヘイリー&ヒズ・コメッツの「ロック・アラウンド・ザ・クロック」はロックンロール初の世界的ヒットとなります。コンサートの客席で暴れる少年たちやエルヴィスに絶叫する少女たちのニュースは過剰に報道され、ロックンロール＝反抗や暴力と関わりの深い音楽というイメージが広まっていきました。

マーティン・ルーサー・キング牧師らが客席の人種隔離に反対してバス・ボイコット運動を行ない、公民権運動が本格化しはじめたのがその55年のことです。白人と黒人のティーンエイジャーが音楽を介して交流することを嫌う保守的な大人は「ロックンロールは白人の子供を黒人のレベルにまで堕落させる」「悪魔の音楽」「共産主義の陰謀」というような意見をまことしやかに語っていました。

57年から60年にかけては、リトル・リチャードが引退してキリスト教の伝道師に転身し、エルヴィス・プレスリーが徴兵されて2年間の休みに入り、バディ・ホリーが飛行機事故で亡くなり、アラン・フリードがレコード業界からわいろを受けた嫌疑で公聴会に呼ばれるなどの事件が続き、アメリカでのロックンロールのブームは曲がり角を迎えます。そしてリズムやサウンドを耳当たりよくしたティーン・アイドルの音楽が台頭してきて、保守的な大人たちは胸をなでおろします。ビートルズがアメリカから遠く離れたリヴァプールでエルヴィスやリトル・リチャードから衝撃を受け、世界一のバンドになることを夢見はじめたのはそんな時期のことでした。

ロックンロールとロックの関係

ロックンロールとロックという言葉の関係についてですが、狭義にはロックンロールは50年代の音楽につけられた名称です。それに対してロックは65年ごろから音量や音圧が強まったロックンロールの呼称として広まりました。ロックには揺れるとは別系統で岩という意味もあり、ロックンロールより硬い印象があります。ただし広義にはいまもノリのいいロックに対してロックンロールという言葉が使われ、逆にロックが50年代の音楽にまでさかのぼって使われることもあり、現実には混用されています。

当初、前述のように黒人のR&Bの一部もロックンロールと呼ばれていたのですが、現在の洋楽ではロックンロール／ロックは主に白人の音楽と思われています。白人の音楽の市場規模のほうが、黒人の音楽のそれよりはるかに大きかったので、白人がロックンロールに参入してきてから次第にそうなっていったのです。

黒人のチャック・ベリーが意図的にカントリーの要素を取り入れた「メイベリーン」

のような例もありますから、リズムの相互影響については個々の例をたんねんに見る必要があります。しかし50年代のアメリカのポピュラー音楽の傾向としてR＆Bのリズム構造が白人のロックンロールに与えた影響がその逆よりはるかに大きいことは事実です。極端な話ですが、白人のロックンロールそのものが黒人のR＆Bのカヴァー・ヴァージョンだという説もあったほどです。ビートルズも初期はアメリカのR＆Bやロックンロールのヒット曲のカヴァー・バンドに近かったのです。

6 カヴァー曲、R&B、ラテン音楽
「ベサメ・ムーチョ」「ツイスト・アンド・シャウト」をめぐる章

エルヴィスが壊した人種の壁

前章で見たとおり、ビートルズのメンバーは出会う前からいろんな音楽を聞いていましたが、彼らを最も強く結びつけたのはアメリカのロックンロールやR&Bでした。ジョン・レノンはエルヴィス・プレスリーを聞いて「人生のすべてが変わった。ただもう完全に魂を揺さぶられた」というのですから、ただごとではありません。ジョンはまたリトル・リチャードを聞いて「あまりにすごすぎて言葉が出なかった」とも語っています（『ザ・ビートルズ史・上』P168、170）。その時点ではまだ出会っていないビートルズの他のメンバーも、程度のちがいこそあれ、リヴァプールの他の地区で同様な衝撃を受けていました。

1956年のエルヴィスの全米デビューが、前例のない驚きで迎えられたことは、晩

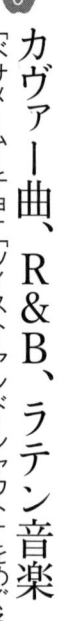

年の太ったコンサート映画の印象しかない人には、想像しにくいかもしれません。しかし彼の登場と人気は当時のアメリカのR&Bやカントリーなどで起こりつつあった動きを一気に加速させたばかりでなく、ポピュラー音楽の歴史に転換をもたらす大事件でもありました。

南部メンフィスのサン・レコードで彼と音楽仲間がカントリーとR&Bを融合しはじめた54年は、政治的にはアメリカの最高裁判所が公立学校における人種隔離にはじめて違憲判決を下した年ですが、エルヴィスの音楽や身振りは、人種隔離政策のもとで区別されていた白人と黒人の人種の壁を文化的に乗り越える可能性を示唆するものだったのです。

未来のビートルズのメンバーが56年にエルヴィスの音楽やR&Bに出会ったとき、それらの音楽の背景にどこまで関心を抱いていたのかわかりませんが、彼らは憧れのR&B／ロックンロールのカヴァーを楽しみ、音楽の構造や手法を徐々に自分たちの音楽に転写しているうちに、その象徴的な意味合いに本能的に気づいたのではないでしょうか。

この章では彼らのカヴァー曲のいくつかについて少し詳しく見ておくことにしましょう。

ジョージの「早熟」「通」

ビートルズのメンバーの中で最も早くアメリカの黒人の音楽を意識して聞いたのは、いちばん年下のジョージ・ハリスンです。父親や兄の蓄音機でインク・スポッツ、キャブ・キャロウェイ、ジョッシュ・ホワイトなどのレコードを聞いていたといいますから、少年としてはかなり「早熟」で「通」な聞き方です。

インク・スポッツはジャズ世代のスタンダードなジャズ感覚のコーラス・グループで、エルヴィス・プレスリーもファンだったと言われています。キャブ・キャロウェイは映画『ブルース・ブラザース』の怪演をごぞんじの方もあると思いますが、デューク・エリントン楽団の次にニューヨークのコットン・クラブ専属になった楽団のリーダーで、ジャズやジャンプ・ブルースを演奏して人気がありました。彼の「ジャンピン・ジャイヴ」は後のR&B／ロックンロールに直結する音楽ですし、「ミニー・ザ・ムーチャー」はベティ・ブープのアニメに使われ、白人にも親しまれていました。ジョージ・ハリスンの家族が買ってきたとしても不思議ではありません。

ジョッシュ・ホワイトは戦前に活躍し、フランクリン・ルーズヴェルト大統領にホワイトハウスに招かれたこともあるブルースマンですが、50年代にアメリカで共産主義思想に共鳴する文化人や芸能人が攻撃されたとき、人種差別に反対していた彼もブラックリストに載せられ、仕事の多くを失いました。それで50年代前半はイギリスに長く滞在してBBCでラジオの番組を持ち、レコーディングしていました。ジョージの家にあったのは、その時期のレコードでしょうか。

ジョージは「ワン・ミート・ボール」と曲名もあげていますが、この曲はポップ・コーラス・トリオ、アンドリュース・シスターズやアメリカのフォークの父ウディ・ガスリーがとりあげていましたし、後にライ・クーダーもカヴァーしました。

その後、ロックンロールと出会ってからのジョージはギタリストとしてチャック・ベリーやカール・パーキンスの影響を強く受けるようになります。

リトル・リチャード以後

他のメンバーはどうでしょう。

ジョン・レノンがはじめて黒人の音楽を黒人と意識して聞いたのは前述のリトル・リチャードでした。美術学校時代にはロックンロール以外にも、ロンドンのアメリカ大使館から友人が借りていたレコードを通じて、ベッシー・スミス、アイダ・コックス、レッドベリー、ビッグ・ビル・ブルーンジー、ブラインド・ウィリー・ジョンソン、スリーピー・ジョン・エスティスなどの音楽を聞いていたようです。これまたジョージに輪をかけて「通」な聞き方です（『ザ・ビートルズ史・上』P330）。

ポール・マッカートニーはダンス・バンドで演奏していた父親がスタンダード的な曲を家のピアノで弾くのを聞いて育ちました。当時のダンス・バンドはフォックス・トロットやワルツやルンバを穏やかに演奏するものでした。ときには黒人ジャズ・バンドの曲も演奏していたかもしれませんが、ホットな演奏ではなかったと思われます。レコードも含めて黒人のジャズを聞いていたとしても、黒人の音楽であることを意識して聞きはじめたのはやはりリトル・リチャードなどのロックンロールからでした。

リンゴ・スターは11歳のとき、義理の父親のハリーがサラ・ヴォーンやアメリカのビッグ・バンドのレコードを聞いていたのを記憶していますが、黒人のジャズにそれほど興味を持ったわけではなかったようで、スキッフル・バンドをはじめるまで、どちらかというとカントリーや白人のポップな曲を聞いていました。ビートルズ時代に彼がうたった曲もカントリー系の曲や昔風のポップな曲が中心でした。黒人音楽との意識的な出

ビートルズが憧れたロックンローラー、リトル・リチャード

会いはやはりロックンロールの時代以降のことで、特定のアーティスト名をあげていませんが「われわれ（ビートルズ）の音楽は黒人音楽の中古ヴァージョンだ。ぼくの好きな音楽の90％は黒人音楽だ」と語っているそうです。

黒人音楽のカヴァーの多さ

クオリーメンなどアマチュア・バンド時代も含めて、初期のビートルズは、数多くの曲をカヴァーしていました。パーロフォンからのデビュー後もしばらくは、ライヴやレコーディングでオリジナル曲の不足を埋め合わせるために、そして彼ら自身の楽しみのために、カヴァー曲は必須でした。

カヴァー曲のうちアメリカの黒人アーティストの曲は、レコーディングされたものだけでも40曲くらいあります。しかしビートルズより少し遅れてイギリスから登場したローリング・ストーンズやアニマルズがブルースやR&B的な「黒っぽさ」を標榜していたのに対し、ビートルズはR&Bをカヴァーしているときですら、必ずしも「黒っぽさ」を感じさせませんでした。たとえば「ロング・トール・サリー」のカヴァーでリトル・リチャードばりの叫び声をあげていたポール・マッカートニーはこう言っています。「ビートルズが欲しがるサウンドがあるとすれば、それはリズム&ブルースだ。これこそずっとぼくらが聴いてきた、ずっと好きだったサウンドで、ぼくらがなりたかった存在だった。黒人。基本的にそこだよ。(中略) いつも出来上がりの音がやや『白く』なってしまうけれど、それはぼくらが白人で、ただのリバプールの若いミュージシャンにすぎなかったからだ。ぼくらには、真の黒人サウンドを作り出す技術など何もなかった」(『ザ・ビートルズ史・下』P375)

ちなみにポール・マッカートニーは大きな影響を受けたベーシストとしてモータウン・レコードの一連のヒット曲に貢献したジェイムス・ジェマースンの名前をあげています。

ジョン・レノンもポールと同じことを別の言い方で語っています。

――（質問）ビートルズの初期のレコードのサウンドは、どういうことだったのでしょうか。

「ほかのどこにもないサウンドだった、というだけのことです。つまり、私たちはブラックではないので、ブラック・ミュージシャンたちのようなサウンドではありませんでした。それに、私たちが育った音楽や環境は、またべつのものなのです」（『ビートルズ革命』P154）

同じ本で彼はまたこういう風にも言っています。

「黒人は、中産階級白人に肉体をとりもどさせてやった、とエルドリッジ・クリーヴァーが書いているのを私は読みました。音楽をとおして、ボディとマインドをひとつにしたのです。ロックンロールとは、そんなふうに伝わってくるものなのです」（P150）

単なる模倣を超える

何かに感動するとき、人はその喜びを頭と心と体で受け止めます。ただし対象によって、その割合は少しずつ異なります。R&Bの歌声やリズムの豊かさは、五感全体に訴えかけてくるもので、官能性を伴うことも少なくありません。物事に感じやすい思春期であれば、そういう音楽との出会いの衝撃はなおさら大きいでしょう。当時のR&Bやその影響を受けたエルヴィス・プレスリーの音楽は、聞いた若者たちを興奮させただけでなく、演奏に駆り立てる力さえ持つほど強烈なものだったということです。

初期のビートルズのレコードはスタジオ・ライヴに多少のダビングを加えたものがほとんどです。それで他の人の曲をカヴァーすることが何を意味するかといえば、より大きな楽器編成で華麗に演奏されている原曲を、ギター2名、ベース、ドラムの楽器編成で演奏し、聞き劣りしないサウンドを作る必要があったわけです。

ビートルズのような若いバンドの演奏が、複雑さや流麗さにおいて、熟練の腕利きミュージシャンの演奏に太刀打ちできるわけがないことは言うまでもありません。しかし幸いなことに、聞き手が反応したのは、複雑さや流麗さではなく、簡潔で力強いビートでした。シンプルで力強く新しいものを受け入れやすいティーンエイジャーのファンが中心だったこともあるでしょう。そして重要なのは、それが電気楽器だから可能だったということです。

彼らの「ツイスト・アンド・シャウト」「マネー」「ロング・トール・サリー」「ロー

ル・オーヴァー・ベートーヴェン」「プリーズ・ミスター・ポストマン」などをアイズレー・ブラザース、バレット・ストロング、リトル・リチャード、チャック・ベリー、マーヴェレッツの原曲と聞き比べると、カヴァーを単なる模倣に終わらせず、R&Bの魅力を彼らならではのやり方で換骨奪胎していたことがよくわかります。

ブルース色の強いデビュー曲「ラヴ・ミー・ドゥ」をはじめ「プリーズ・プリーズ・ミー」「抱きしめたい」「シー・ラヴズ・ユー」といったビートルズの初期のオリジナル曲も、アメリカのR&Bやロックンロールを吸収しながら独自のメロディを加えることに情熱を傾け、喜びを見出していた若かりし日の彼らの姿がうかがえる素晴らしい作品です。その情熱はやがて「涙の乗車券」のようなビートルズならではのリズム・アンサンブルやサイケデリックな音の実験へと発展していきます。

消えた「ベサメ・ムーチョ」

ビートルズがカヴァーした異色曲として「ベサメ・ムーチョ」があります。ラテンのこの古典的名曲を畑ちがいのロックンロール・バンドが演奏する意外性が客に受けることを意識して、彼らはデビュー前から一種のノヴェルティとして演奏していました。映画『レット・イット・ビー』の中にも彼らがこの曲をお遊び感覚で演奏する場面が出てきます。

彼らはデッカ・レコードのオーディションでこの曲を演奏しましたし、パーロフォンで最初にレコーディングした4曲のうちの1曲もこの曲でした。デビューできるかどうかがかかっている重要な機会に選んだくらいですから、自信もあったのでしょう。大手のレコード会社は基本的に保守的な存在ですから、まだ新しい音楽だったロックンロールに好意的かどうかわからない。だったらレパートリーの広さをアピールするためにこういう曲も入れておこうと思ったとも考えられます。

実際、パーロフォンの初録音の現場を仕切ったロン・リチャーズは、ビートルズが持ってきた4曲の中からこの曲を最初に録音しようと指示しました。有名曲から手をつけるほうが、新人バンドの聞いたこともないオリジナル曲より、実力を判断しやすい、と思ったのでしょう。とすればビートルズ側がこの曲を含めた狙いはあながち外れてはいなかったわけです。

しかしプロデューサーのジョージ・マーティンはこの曲は論外と考えて、ビートルズのシングルにもデビュー・アルバムにも採用しませんでした。いまでは一般的には彼らがこの曲に興味を持っていたことさえ知られていないかもしれません。つまり「ベサメ・ムーチョ」はビートルズの歩みにとっては、試行錯誤のひとつであり、当て馬のように消えた曲だったわけです。

「もっとキスして」という意味のこの曲は、フランク・シナトラやエルヴィス・プレスリーからホセ・カレーラスまで、とりあげた人は数知れず、世界中で最もよく知られているメキシコ生まれのラヴ・ソングです。メキシコにはボレロというスローでロマンチックなラヴ・ソングの人気ジャンルがあり、「ベサメ・ムーチョ」もそのひとつですが、作者のコンスエロ・ベラスケスがピアノを弾き、ダニエル・リオロボスがうたう60年代のものとおぼしき映像を見ると、彼女のピアノは〈ボレロ＝甘くたおやかな恋の歌〉という枠には収まりきらない情熱的な演奏です。発表が1940年。コンスエロはスペインの作曲家グラナドスが画家のゴヤをテーマにして作ったピアノ組曲の中の「嘆き、またはマハと夜鳴きうぐいす」を参考にしてこの曲を作ったと言われています。

タイトルに出てくるマハといえば、着衣と裸の絵がゴヤの代表作として残っている有名な女性です。「ベサメ・ムーチョ」を聞いてそんなことを連想するのはスペイン文化に詳しい人だけで、ビートルズも有名な曲だから演奏していたにすぎないと思いますが、それが民衆の視点に立って革新的な絵を描いたゴヤにつながる曲だったのは、偶然とはいえおもしろい話だと思います。

この歌の主人公は恋人に向かって、今夜が別れの夜だと思って強くキスしてほしいと、情熱的に語りかけます。歌の主人公の千々に乱れる心の動きは、ぼくのスペイン語の知識では正確にはとらえられませんが、恋人を失うのがこわいと思っている歌なのでしょう。

この曲はアメリカに渡って、「キス・ミー・マッチ」という英語タイトルがついて、第二次世界大戦中にアンディ・ラッセルの歌やジミー・ドーシー楽団の演奏でヒットしました。そこでの後半の歌詞は、あなたが去ってしまうとしたら、わたしは死んでしまう、というふうに変えられています。兵士と恋人とのせつない別れを連想させるところが時局に合ったということでしょうか。

50年に黒木曜子の日本語ヴァージョンが発売されたときは、別れを連想させる部分は訳詞に反映されず、離れたところにいる恋人をこがれる歌詞でした。その後トリオ・ロス・パンチョスのレコードが紹介され、彼らが59年に初来日すると、小型のレキント・ギター伴奏によるしっとりした歌が人気を集め、歌謡曲でラテン・ムード歌謡というスタイルが生まれました。当時はペレス・プラードのようなラテンのビッグ・バンドもこぞってレコーディングして、この曲はいつしかキャバレーのネオンが似合う曲へと変化していきました。

ビートルズはコースターズの60年のヴァージョンを参考にしたので、ラテンの古典的名曲というよりR&Bの曲をカヴァーしたという意識だったのかもしれません。ポールはコースターズのレコードのマイナーからメジャーに転調する部分のアレンジに魅せられたと語っています。

コースターズは50年代から60年代にかけてノヴェルティ感覚の曲で人気のあったアメリカのR&Bコーラス・グループで、プロデューサーはエルヴィス・プレスリーの「ハウンド・ドッグ」などのソングライター・チーム、ジェリー・リーバー&マイク・ストーラーでした。

コースターズのヴァージョンは、低音のリード・ヴォーカルとベサメ、ベサメ……とくりかえすコーラスの組み合わせがひょうきんです。ブルース系のシャッフルとラテン・ビートを折衷したような演奏の間奏にはサックスのソロが入ります。日本の流行歌でいえば、ピンキーとキラーズの68年の「恋の季節」のノリを思い浮かべていただければ近いと思います。

それに対してビートルズの演奏は、デッカ・オーディションのときもパーロフォンのときも、ソリッドなギターのリズムを強調していて、参考にしたコースターズの音楽にあまり似ていません。そして「チャ・チャ・ブン！」や「ウッ！」というコミカルなかけ声を入れています。

デッカやパーロフォンの録音でのピート・ベストの連打ドラムはバディ・ホリー＆クリケッツの演奏を意識したのでしょう。パーロフォン版のサビの部分のリズム・アレンジはラテン的です。プロデューサーのロン・リチャーズはジョージ・マーティンに「ドラマーは変えないとだめだ」と言ったという話が伝わっていますが、この曲に関するかぎり、ピートの狙いが理解されなかった気の毒な判断だったのではないかという気がします（『ザ・ビートルズ史・下』Ｐ４７２）。

キューバ音楽「ソン」の影響

カヴァー曲の中には、初期の代表作のひとつとして高く評価されている曲もあります。「ツイスト・アンド・シャウト」です。Ｒ＆Ｂのアイズレー・ブラザースの62年夏の曲をビートルズはデビュー・アルバムのために63年2月にレコーディングしました。原曲はアメリカのポップ・チャートで17位、イギリスで42位（しかもビートルズより数か月後の発売です）。ということは、イギリスでは熱心なファンにしか知られていなかった曲です。アイズレー盤もビートルズ盤も素晴らしい出来ですが、大きくちがっているところもあります。

アイズレー・ブラザースの曲は、ギター、ベース、ドラム、ピアノのリズムにブラス・セクションを加えた厚みのある演奏です。ギターは最初のうち鋭角的なリズムを刻んでいますが、途中から他の音に埋没し、曲はベースが刻むキューバのソンという音楽風のリズムに沿って進みます。間奏ではサックスのソロとミュート・トランペットが華やかなコール&レスポンスをくり広げ、後半のドラムは前半とちがって多彩な叩き方です。この曲の作者でプロデューサーでもあったバート・バーンズは、50年代末にキューバで音楽の仕事をしていたことがあり、ニューヨークの音楽業界に戻ってきてからキューバ系のリズムを使った曲をたて続けにヒットさせていました。

一方のビートルズはテンポを少し早め、ギター、ベース、ドラムだけで演奏しています。ベースは2小節ごとに均等なリズムとキューバ風の2－3のリズムに入れ替わります。間奏はギター2台のリフで構成され、シンバルも加えたソリッドなサウンドがロック色を強く感じさせます。

リード・ヴォーカルとコーラスの応酬は、基本的にアイズレーを踏襲していますが、アイズレー盤ではリードとコーラスが変幻自在に軽々とかけ合って進行するのに対し、ビートルズのジョンのリードとコーラスのからみはいちずな直球というところでしょうか。一日中うたってきたジョンが録音の最後に荒れた声でうたったのがかえって若々しい迫力を感じさせ、そのざらついた歌声はロックらしい歌唱スタイルの典型として広まっていきます。この曲の後半でジョン、ポール、ジョージのファルセットのコーラスが炸裂すると、当時のコンサートの客席は前例のない興奮に包まれました。

ラテン系リズムのヒット曲

ロック史の中でふれられることはあまりないのですが、55年から65年の間に「ツイスト・アンド・シャウト」以外にも、ジャズ、R&B、ロックンロールでラテン系のリズムを取り入れた曲が数多く見られました。トップ・テン入りしたものだけでも十数曲あります（カッコ内の数字はチャートの順位です）。

56年エルヴィス・プレスリー「ハウンド・ドッグ」(1)、58年チャンプス「テキーラ」(1)、ジョニー・オーティス・ショウ「ウィリー・アンド・ザ・ハンド・ジャイヴ」(9)、59年レイ・チャールズ「ホワッド・アイ・セイ」(6)、60年ドリフターズ「ラストダンスは私に」(1)、シレルズ「ウィル・ユー・ラヴ・ミー・トゥモロウ」(1)、61年ベン・E・キング「スタンド・バイ・ミー」(4)、62年ドリフターズ「オン・ブロードウェイ」(5)、63年キングスメン「ルイ・ルイ」(2)、64年ドリフターズ「アンダー・ザ・ボードウォーク」(4)、ゲッツ/ジルベルト「イパネマの娘」(5)、ディオンヌ・ワーウィック「ウォーク・オン・バイ」(6)、65年ローリング・ストーンズ「ゲット・オフ・オブ・マイ・クラウド」(1)、ボブ・ディラン「ライク・ア・ローリング・ストーン」(2)

このうち64年の「イパネマの娘」はブラジルの曲ですが、他はキューバやプエルトリコの音楽のリズムをもとにしています。ジョン・レノンはソロになってから「スタンド・バイ・ミー」をカヴァーしましたが、ベン・E・キングには「スパニッシュ・ハーレム」という曲もあり、このタイトルはプエルトリコをはじめ中南米のスペイン語圏の移民が多く住んでいるニューヨークの一地区の通称です。シェイクスピアの『ロミオとジュリエット』をニューヨークのプエルトリコ系の非行グループとポーランド系の非行グループの若者たちの対立に置き換えた『ウエストサイド物語』の初演が57年。映画公開が61年です。

ジョン・レノンはラテン・リズムを使ったレイ・チャールズの「ホワッド・アイ・セイ」について、こう語っています。レイ・チャールズの音楽が好きでなければ出てこない言葉です。

「僕が知るかぎり、あれはエレクトリック・ピアノを使った最初のレコードだ。『ホワッド・アイ・セイ』はすべてのギター・リフの元祖みたいな感じがする。僕らは誰もエレクトリック・ピアノを持ってなかったから、ギターで何とかあの低音を出そうとしたんだ」（『THE BEATLES アンソロジー』P49）

59年のキューバ社会主義革命、61年のキューバとアメリカの国交断絶と米軍キューバ上陸作戦の失敗、62年のキューバへのソ連の核兵器配備をめぐる米軍によるキューバ封鎖（いわゆるキューバ危機）、63年のケネディ大統領暗殺、といった事件を重ね合わせてみると、音楽が直接世につれるとはかぎりませんが、この時期ラテン・リズムを用いた有名なヒット曲が続いたことに、偶然以上のものを感じないではいられません。

ビートルズはデビュー・アルバム『プリーズ・プリーズ・ミー』の中で、「ツイスト・アンド・シャウト」だけでなく、オリジナル曲の「P.S.アイ・ラヴ・ユー」と「アスク・ミー・ホワイ」にもラテン系のリズムを使っていました。ビートルズの音楽におけるラテン・リズムは彼らの趣味性によるというだけでなく、音楽の歴史の大きなうねりの中の出来事のひとつだったと考えるべきでしょう。

音楽の歴史のうねり

「ツイスト・アンド・シャウト」には、有名なエピソードがあります。63年11月、皇太后やマーガレット王女らが臨席する王室主催の恒例の慈善イベントに出演したとき、この曲の演奏の前にジョンがリヴァプールなまりでこう語りかけたのです。「これから最後の曲を演奏しますが、会場のみなさんにお願いがあります。安い席の方は手拍子をお願いします。残りの方は宝石を振って鳴らしてください」

ジョンにとってはリヴァプールやハンブルクの観客を相手にしていたステージでなら、普通にしゃべっていた範囲の皮肉だと思いますが、その態度を上流階級の集まる場所でも変えなかったのは、労働者階級出身者としての誇りや誠意のなせるわざでしょう。もちろん機知も勇気も必要だったはずです。

カヴァー曲とジョークといえば、このコンサートではポールも「ティル・ゼア・ウォズ・ユー」を演奏する前に、「われわれの好きなアメリカのグループ、ソフィ・タッカーもレコーディングしています」というおとぼけをかましています。

ソフィ・タッカーは1920年代に人気のあったアメリカの肝っ玉お母さん系の歌手なので、この曲をうたいそうにないソフィ・タッカーをグループの名前としてあげるという手のこんだジョークは、観客がどれくらい笑ってくれるか試す意味もあったでしょう（彼女は62年の慈善公演に出演していました）。ちなみにポールが子供のころ父親のすすめでピアノを弾いた「レッド・レッド・ロビン」はソフィ・タッカーのレパートリーとして知られていた曲です。

5章でもふれましたが、「ティル・ゼア・ウォズ・ユー」は57年のミュージカル『ミュージック・マン』に使われて広く知られるようになった美しいラヴ・バラードで、このコンサートのビートルズはエレクトリック・ギターで軽やかなラテン・ロックに編曲してうたっています。

なぜラテン風に編曲したかというと、ポールが参照したペギー・リーのレコードがフルート入りのなめらかなボレロ調だったからです。ペギー・リーは60年にアルバム『ラテン・アラ・リー！　ブロードウェイ・ヒッツ・スタイルド・ウィズ・アン・アフロ・キューバン・ビート』を発表しており、「ティル・ゼア・ウォズ・ユー」はその収録曲で、翌年シングルでも発売されています。アルバムはタイトルが示すようにラテンと関係のない曲をラテン風に編曲したもので、ポップな人気歌手がそんな企画アルバムを作るくらいラテン的な音楽が注目されていたということです。

「アイ・フィール・ファイン」もラテンだった

ビートルズとラテンつながりのしめくくりに「アイ・フィール・ファイン」にもふれておきましょう。これは冒頭にフィードバック・ノイズを初めて入れたことで有名な曲ですが、ラテンとの関わりは、それに続いて強調されているギターのリフです。ジョン・レノンやジョージ・ハリスンはその際ボビー・パーカーの61年のヒット曲「ウォッチ・ユア・ステップ」のギター・リフを参考にしたと語っています（『THE BEATLES アンソロジー』P160）。

ボビー・パーカーはワシントンDCを拠点に活動していたブルースマンですが、ディジー・ガレスピーの「マンテカ」やレイ・チャールズの「ホワッド・アイ・セイ」を参考に、「ウォッチ・ユア・ステップ」の鮮烈なリフを考えました。「マンテカ」はアフロ・キューバン・ジャズに取り組んでいたディジーが47年に発表した代表作で、キューバ人コンガ奏者チャノ・ポソのアイデアをディジーが発展させた曲です。前述の「ホワッド・アイ・セイ」はラテン・ソウルとでも言うべき曲です。「アイ・フィール・ファイン」のリンゴのドラムはその「ホワッド・アイ・セイ」を参考にして叩かれています。

アメリカでは大きなヒットに結びつかなかった「ウォッチ・ユア・ステップ」ですが、イギリスで発売されたシングルはロック・ミュージシャンの関心を集め、ビートルズは61年から62年にかけてステージで演奏していました。後にマンフレッド・マンやスペンサー・デイヴィス・グループもレコーディングしました。レッド・ツェッペリンのジミー・ペイジが「モビー・ディック」で弾いたギターのリフもこの曲を参考にしたと言われています。ラテン・ロックの創始者カルロス・サンタナも「ウォッチ・ユア・ステップ」のギターに影響された一人でした。

7 カリブ海、アフリカとの出会い

「蜜の味」「オブ・ラ・ディ、オブ・ラ・ダ」をめぐる章

大戦後に激増した移民

ジョン・レノンは1956年にリトル・リチャードのロックンロールに衝撃を受けたことに関連して、69年にこんな回想を残しています。

「イギリスではただの一人も、肌の黒い人間と会ったことがなかった。だから、アメリカの黒人に対する強い畏敬の念があったんだ」（『ザ・ビートルズ史・上』P171）

国際的な港町リヴァプールでジョンが56年まで黒人を一人も見なかったというのは不自然な話です。リヴァプールでも郊外住宅地のようなところに住んでいたから少年時代に近所であまり黒人を見かけなかったという意味なのか、それともインタビューした人が脚色したのか……。

イギリスでは48年を境に、それまでとは比較にならないペースで移民が増えていきま

した。アフリカやカリブ海出身の黒人の人口は51年に約2万人でしたが（リヴァプールには約5000人）、61年には約20万人に激増しています。その多くはカリブ海出身者でした。

ロンドンでは第二次世界大戦前から定住していたカリブ海出身のミュージシャンによるジャズ・バンドがクラブに出演するようになっていました。ガイアナ出身のケン・スネイクヒップス・ジョンソンのバンドのようにロンドン随一のスウィング・バンドとして人気を集めていたグループもあります。残念ながら彼はクラブ「カフェ・ドゥ・パリ」出演中の41年春、ロンドン空襲で落命しましたが、それはリヴァプールでリンゴ・スターやジョン・レノンが生まれた翌年のことでした。そういえば、ジョンの両親アルフレッドとジュリアが結婚したのは1938年12月3日のことですが、結婚して間もなく船の給仕人だったアルフレッドが旅立ったのはカリブ海への航海でした。

第二次世界大戦に参加した植民地の黒人兵たちの貢献を無視できない事情もあったからでしょう。イギリス政府は、労働人口不足を補うため、1948年、帝国や連邦内の住民に対してイギリスに移住できるパスポートを発行します。その移民を乗せた最初の船が48年6月21日にロンドンのテームズ川の埠頭に着岸したエンパイア・ウィンドラッシュでした。船はイギリスが戦争でドイツから奪い取ったものだった、という由来が歴史のあやを感じさせます。

カリプソ歌手たち

ジャマイカのキングストン経由でやってきた乗客千余人の半数近くはカリブ海のアンティル諸島の出身者で、多くは軍隊に再応募する元兵士や、新天地で新しい仕事を求めてきた人たちでした。しかし乗客の中には後にノッティング・ヒル・カーニヴァルを組織するサム・ビーヴァーやトリニダード・トバゴから来たロード・ビギナー、ロード・キチナー、ロード・ウッドバインといったカリプソ歌手もいました。カリプソは独特のリズムでうたわれる風刺歌で、アメリカに飛び火してアンドリュース・シスターズがロード・インヴェイダーの「ラムとコカコーラ」を取り上げて45年にヒットさせたこともありました。

その船の中でロード・キチナーが披露した有名な歌があります。後にウエストミンスター寺院の鐘の音をまねた演奏をイントロにしてレコーディングされる「ロンドン・イズ・ザ・プレイス・フォー・ミー」です。上陸を待つ船の中で、彼がリポーターのマイクに向かってこの歌をうたう場面が、「ジャマイカ人が仕事を求めてイギリスに来る」というパテ・ニュース・フィルムに記録され、公開されています。

「ロンドン暮らしは快適だ。イギリス人はとても社交的で、あちこち案内して百万長者気分にさせてくれる。ロンドンはわたしのための場所だ」とうたわれるこの歌はイギリスに上陸するまでは乗客の夢を代弁する歌だったかもしれません。しかし彼のうたい方に含まれる皮肉こそカリブ海からの移民がその後直面する差別や暴力や排斥を予言するものでした。エンパイア・ウィンドラッシュ到着から2か月後の48年8月、リヴァプールでは船員組合が黒人船員の締め出しを討議し、2000人の暴徒が黒人船員の定宿を襲う事件が起こりました。ジョン・レノンが叔母のミミにつれられてストロベリー・フィールズの緑地で行なわれるフェアに行って、ブラスバンドを聞いていたはずの夏の出来事です。そのとき警察が逮捕したのは建物の中で防御に追われていた黒人たちでした。

なお、イギリスでロード・キチナーといえば、軍人募集のポスターに出てくるヴィクトリア朝時代の司令官の名前としておなじみです。アメリカの軍人募集のアンクル・サムのポスターはごぞんじの方が多いと思いますが、その元になったのがロード・キチナーのポスターです。司令官のロード・キチナーは、かなり間接的にビートルズとも結びつきます。『サージェント・ペパーズ』のジャケットでビートルズのメンバーはヴィクトリア朝時代の軍服を着ていますが、それを買った古着専門店がなんと「アイ・ウォズ・ロード・キチナー・ヴァレット」、キチナー司令官の召使、という名前だったのです。

スティール・ドラム

ロード・キチナーをはじめとするカリプソ歌手たちは、50年1月30日にEMIのアビー・ロード・スタジオでレコーディングを行ない、何枚かのシングルがパーロフォン・レーベルから発売されます。ジョージ・マーティンがパーロフォンで働きはじめたのはそれから10か月後、ビートルズが同じスタジオで録音をはじめるのは12年後の話です。その中からロード・キチナーの「ノラ」がカリブ海や西アフリカで売れたことをきっかけに、50年代前半のイギリスでは、カリプソのレコーディングがしばらくさかんに行なわれました。

50年にはトリニダード・オール・スティール・パーカッション・オーケストラ（バンド）のロンドンでの初レコーディングも行なわれます。スティール・ドラムはスティールパンとも言い、カリブ海の産油国トリニダード・トバゴで石油会社が廃棄したドラム缶を利用して黒人たちが作った音階の出せる打楽器です。涼し気な音で人気があり、近年は日本でも演奏する人が増えています。51年にはイギリス帝国の産業や文化を紹介する博覧会「フェスティヴァル・オブ・ブリテン」が、ロンドンを主会場にイギリス各地で行なわれましたが、このバンドはそこで演奏し、フランスにも渡っています。

ロード・キチナーの歌声やスティール・バンドの演奏は、南の故郷にくらべれば寒くて暗いイギリスに暮らしていたアンティル諸島の人々を慰めたにちがいありません。移民の立場から生活や事件を題材にうたわれるカリプソは、エキゾチックな音楽としてBBCでもおりにふれて紹介されましたが、基本的には、イギリスの都市の黒人のコミュニティで聞かれる音楽でした。そこには、カリブ海出身者ばかりでなくアフリカ出身者も暮らしていました。ロード・キチナーの「アフリカ・マイ・ホーム」「バース・オブ・ガーナ」といった曲名からは、彼が汎アフリカ性を意識していたことがわかります。

ジョン・レノンはクオリーメンで活動していた57年ごろから曲を作りはじめますが、最初に作った曲は「カリプソ・ロック」というタイトルでした（『ザ・ビートルズ史・上』P221）。浮かんできた曲を口ずさんだだけで、彼も覚えていないのですが、いったいどんな曲だったのでしょう。彼は50年代に放送でロード・キチナーを聞いたことがあったのでしょうか。ロード・キチナーは「ロックンロール・カリプソ」という曲も発表していたのです。

それとも57年にハリー・ベラフォンテの「バナナ・ボート・ソング」がカリプソとしてヒットしたことに刺激されたのでしょうか。「バナナ・ボート・ソング」はエルヴィス・プレスリーを売り出したレコード会社がロックンロールを一過性の流行と考えて、次の流行にしようとして売り出した曲です。「カリプソ・ロック」というタイトルは、カリプソが風刺の歌であることをジョンが知ってつけたのだとしたら、さすがだったわけですが。

ハンブルクへの道

58年9月にジョン・レノンが通っていた美術学校の近くにジャカランダという店ができました。後にビートルズをハンブルクに連れて行ったアラン・ウィリアムスの経営するコーヒー・バーです。中国系女性のベリルと結婚したアランは2人でヨーロッパを旅し、パリのセーヌ川左岸で訪れたカフェが気に入り、自分の店を持つことを思いつきました。〈ル・カヴォー・ドゥ・ラ・フシェット〉に影響を受けてキャヴァーン・クラブが生まれた1年後のことです。

当時のセーヌ川左岸のサンジェルマンデプレやラテン・クォーターにはジャン・ポール・サルトルやボリス・ヴィアンや「不良」学生たちの集うカフェやジャズ・クラブがあり、実存主義者と呼ばれた若者たちが詩やジャズや現代美術や政治について語り合っていました。マイルス・デイヴィスがパリを訪れて映画『死刑台のエレベーター』の音楽を録音して注目されたのが57年。カフェ・ソサエティという言葉がありますが、パリはエンタテインメントや文学関係者にとっては、ベル・エポックやロスト・ゼネレイションの時代からヨーロッパの文化の発信地のひとつだったのです。

大量消費時代の到来で画一化が進む社会に抗ったアメリカのビート世代の若者たちとパリの実存主義者の考えには共振するところがありました。60年にビートルズがハンブルクで出会ったアストリット・キルヒヘア、クラウス・フォアマン、ユルゲン・フォルマーら美術学生あがりの若者たちも実存主義の影響下にあり、その美学はビートルズの初期のハーフシャドウのモノクローム写真にまでつながっていくのですが、話をジャカランダにもどしましょう。

アラン・ウィリアムスがスレイター通りに作ったジャカランダの一階は普通のカフェ、地下は会員制クラブでした。その地下の壁にはアランが気に入った美術学校の学生に絵を描いてもらったのですが、その一人がジョンの親友でビートルズの初期メンバーのスチュアート・サトクリフでした。

ジャカランダ・クラブにはロイヤル・カリビアン・スティール・バンドというトリニダード出身のバンドが出演していました。このバンドはリヴァプールからハンブルクに最初に出稼ぎに行ったグループで、彼らの評判のよさがハンブルクのプロモーターにイギリスの他のバンドへの関心をかきたてます。彼らがいなければ、ビートルズとハンブルクの縁が生まれなかったかもしれないのです。

年齢詐称の入れ知恵も

イギリスに最初にやって来たスティール・ドラムのグループは、前述のトリニダード・オール・スティール・パーカッション・オーケストラ（バンド）でした。「フェスティヴァル・オブ・ブリテン」が終わった後、イギリスに残ったこのグループのメンバーからいくつかのバンドが派生します。ジャカランダに出演したロイヤル・カリビアン・スティール・バンドもそのひとつで、1955年にジェリー・ゴブリンによってロンドンで結成されました。58年に彼らがリヴァプールに拠点を移すと、カリブ海出身者のウィンストン・〝スプリー〟・サイモンとロード・ウッドバイン（ハロルド・フィリップス）の2人が加わります。というより、この2人がいたからバンドがリヴァプールに来たのでしょう。

ウィンストンはトリニダード・オール・スティール・パーカッション・オーケストラ（バンド）の居残りメンバーで、先にリヴァプールに来てスティール・ドラムを教えていました。ロード・ウッドバインは前述のとおりエンパイア・ウィンドラッシュに乗船して48年にイギリスに来たカリプソ歌手です。彼は少年時代にも年齢を偽ってリヴァプール近郊のRAFの基地でエンジニアとして働いていたことがありました。基地のアメリカ黒人兵が休日に足を運ぶリヴァプールの黒人コミュニティの存在を知っていた彼はリヴァプールに移ると、ニュー・コロニー・クラブを作って演奏活動を続けていました。

ロイヤル・カリビアン・スティール・バンドはスティール・ドラム8台の編成で、トリニダードのカリプソだけでなく、ハリー・ベラフォンテの「バナナ・ボート・ソング」からスタンダードまで有名なヒット曲を演奏していました。ジャカランダの常連だったジョンとポールはロード・ウッドバインと親しくなり、彼らのステージにギターで加わったこともあります。

ロード・ウッドバインはまた、ビートルズの最初のハンブルク行きに案内係をかねて同行しています。労働許可を得るには若すぎたジョージ・ハリスンに年齢詐称の入れ知恵をし、ビートルズが60年8月17日にハンブルクのインドラ・クラブで初ステージに立ったときは、前座でカリプソをうたいました（Danny Friar「Steel Pan Music in Britain, 1950–1970」Mas Media–Leeds Carnival Blog ２０１７年10月10日）。

ビートルズのメンバーがロイヤル・カリビアン・スティール・バンドについてどう思っていたのか、いろんな伝記の本を読んでも記述がないのが残念です。ロックンロールに熱中していた彼らにとっては、この分野の音楽に興味を持ちはしても、その時点ではのめりこむほどではなかったということなのかもしれません。

舞台はマンチェスター

発表年がわかりませんが前述の船エンパイア・ウィンドラッシュで48年にロンドンにやって来たロード・ビギナーに「ミックス・アップ・マトリモニー」というカリプソが

あります。カリブ海やアフリカからの移民増加を背景にした歌で、「世界的に人種隔離は消えつつあるようだ」「異人種間の結婚が流行している」「色のついたイギリス人がどんどん増えている」とうたわれていました。しかし現実は甘くありませんでした。たとえばコリン・マッキネスの57年の小説『シティ・オブ・スペイズ』は、アフリカやカリブ海からの移民のロンドンでの暮らしの厳しさを描いています。

クオリーメン時代のジョンやポールたちが未来を漠然と夢見ていたころ、58年5月27日にロンドンの実験的な小劇場で初演されたシーラ・ディレイニー作の『蜜の味』もそんな作品のひとつです。

その劇の舞台はマンチェスターのサルフォード。ある母子家庭のアル中の母親が新しい男と結婚して、17歳の娘を置いて出て行きます。娘は親切な黒人船員と一夜を過ごし、彼の船が旅立った後、妊娠したことに気づき、ゲイの青年と助け合って共同生活をはじめることに。しかし離婚した母親が戻って来て、青年が追い出される、というのがごくおおまかな粗筋です。異人種間の恋愛、貧困層のシングル・マザー、セクシャル・マイノリティなどに寄せる作者の眼差しが、21世紀の今を予見しているように思えます。

初演時の演出家は生バンドを入れ、場面に合わせて20年代のブルースやジャズ的な音楽を演奏するというメモを残していました。60年にブロードウェイで上演されたときは、ボビー・スコットがテーマ曲を作り、61年に映画化されると、ボビー・スコットやヴィクター・フェルドマンやマーティン・デニーの演奏でレコード化されました。さらに62年に歌詞がつけられると、アメリカの黒人ポップ・シンガー、ビリー・ディー・ウィリアムスやレニー・ウェルチがとりあげました。歌詞は最初のキスの甘い思い出と、帰って来るという相手の言葉が並ぶラヴ・ソングで、そこには異人種間の恋は反映されていません。

ビートルズはレニー・ウェルチのヴァージョンをもとに3拍子と4拍子の部分が行き来するこの曲をレコーディングしました。レニーのレコードが発売されてすぐという素早さです。62年10月にはライヴで演奏しはじめ、最後のハンブルク公演でも客のリクエストが多かったそうです。ポール好みのジャズ的な要素が入ったこのポップな曲は同時期のビートルズの曲の中では異色な曲として知られています。

ビートルズのメンバーはこの劇や映画を観たのでしょうか。初演時19歳の作者のシーラ・ディレイニーはマンチェスター生まれ。ジョンやリンゴの一つ年上で、父親がアイルランド系です。リヴァプールとは一蓮托生の都市マンチェスターの下町を舞台に、アイルランド系の父を持つヒロインが、リヴァプールから来た黒人青年や美術学校に通うゲイの青年たちと方言で演じるこの労働者階級の物語は、演劇上演時、映画公開時ともに評判を呼びました。美術学校でスチュのような知的な友だちとつきあっていたジョンなら、たとえ観ていなくても、この劇の存在や内容は耳にして関心を持っていたでしょう。ジョンが感傷的なこのポップ・チューンをうたうポールを半分馬鹿にしつつも、熱心にコーラスでつきあったのは、物語に共感するところがあったからではないでしょうか。

ジャマイカのリズム「スカ」

ジョンがポールをからかいながらレコーディングに重要な貢献をした曲は他にもあります。68年の「オブ・ラ・ディ、オブ・ラ・ダ」です。この曲に使われたのは、当時のロンドンのクラブでジャマイカ系移民や白人の一部の若者に聞かれていたスカのリズムでした。

スカは50年代末から60年代前半にかけて、つまりビートルズが世に出ていったのと同時期に、ジャマイカで生まれたダンス音楽です。地元のメントと呼ばれる音楽と、国外のさまざまな音楽、たとえばキューバ音楽、カリプソ、ニューオーリンズR&B、ジャズなどの要素が混ざって生まれた音楽で、ンチャッ、ンチャッとはねるようなリズムが特徴です。

50年代にカリプソに力を入れていたメロディスクというイギリスの会社が、急増するジャマイカからの移民向けに、ブルー・ビートというレーベルを作ってスカを積極的に紹介しはじめたのは60年のことです。そのためスカはしばしばブルー・ビートと呼ばれることもあります。

ジャマイカを舞台にした1962年の映画『007は殺しの番号（ドクター・ノオ）』の中に、バイロン・リー&ザ・ドラゴネアーズとロード・クリエイターが登場して「ジャンプ・アップ」を演奏する場面が出てきます。62年はジャマイカが独立して話題を集めていたので、映画の撮影地に選ばれ、このジャマイカ賛歌が使われたのでしょう。

60年代前半のジャマイカではプリンス・バスターやボブ・マーリーなどが次々に登場してスカのヒットを出していました。イギリスではほとんどアンダーグラウンドな存在でしたが、ビートルズやローリング・ストーンズのメンバーは早くからカーナビー・ストリートのクラブに足を運んでこの音楽を聞いていました。64年3月にレコーディングされたビートルズの「アイ・コール・ユア・ネイム」の間奏にはシャッフルのようなスカのようなリズムが使われていました。一方、「オー・キャロライナ」やジャマイカ独立時の「インディペンデンス・ソング」で知られるプリンス・バスターも、64年のシングル「シー・ラヴズ・ユー」ではビートルズの同名異曲からイェーイェーイェーというコーラスを引用していました。彼は後に「オブ・ラ・ディ、オブ・ラ・ダ」もカヴァーしています。

アイランド・レコード

スカの曲でイギリスのポップ・チャートで最初にヒットしたのは、ミリー・スモールの「マイ・ボーイ・ロリポップ」でした。原曲はアメリカの白人のティーンエイジャー歌手バービー・ゲイの56年のヒット曲で、この曲のシャッフルするリズムはジャマイカのスカにも影響を与えたのではないかと思われます。ミリーの曲は64年春にイギリスで2位まで上がり、夏に世界的にも大ヒットします。

64年4月に制作された『アラウンド・ザ・ビートルズ』は、ビートルズが扮装してシェイクスピアの『真夏の夜の夢』のパロディを演じたことで知られるテレビの特別番組ですが、ミリーはその番組にも出演してヒット中の「マイ・ボーイ・ロリポップ」をうたっていました。ポールがつきあっていたジェーン・アッシャーの兄で、その年の春にピーター&ゴードンというデュオでヒット曲を出していたピーター・アッシャーはミリーのボーイフレンドでした。ピーターは後にビートルズがアップル・レコードを設立すると裏方に転じ、ジェイムス・テイラーをプロデュースすることになります。

なお、「マイ・ボーイ・ロリポップ」のヒットは、ジャマイカの音楽をイギリスに紹介していたクリス・ブラックウェルが制作し、販売を大手のレコード会社に委ねて生まれたものです。前述の映画『007は殺しの番号（ドクター・ノオ）』のロケハンや音楽で協力したのもクリスでした。だから彼の設立したアイランド・レコードがロックの分野に進出したとき、最初に成功したグループ、スペンサー・デイヴィス・グループがジャマイカのジャッキー・エドワーズの曲をカヴァーしていたのは、故のないことではありません。このレーベルが後にグラム・ロックのロキシー・ミュージックやレゲエのボブ・マーリーやアイルランドのU2を紹介したことは、ロック・ファンならご存じでしょう。

ライフ・ゴーズ・オン

さて、ロンドン暮らしのポール・マッカートニーは都心のクラブに足しげく通っていましたから、60年代後半にはコアなジャマイカの曲も当然耳にしていたと思われます。「オブ・ラ・ディ、オブ・ラ・ダ」の歌の冒頭に出てくるデスモンドという人物は、ジャマイカの歌手デスモンド・デッカーを意識したという説もあるくらいです。

しかし「オブ・ラ・ディ、オブ・ラ・ダ」のタイトルはカリブ海にもジャマイカにも関係ありません。このタイトルはポールがロンドンのソーホーのクラブで知り合ったナイジェリア人のジミー・スコットが〈ライフ・ゴーズ・オン〉という意味で使っていた口ぐせを流用したものでした。ヨルバ語ともジミー・スコットの造語とも言われていますが、ジミーは62年からこの言葉を自分のグループの名前として使っていたという説もあります（Paul Oliver 編『Black Music in Britain』P97）。

ロンドンではアフリカからの移民の増加を背景に、50年代からガーナのハイライフ、ナイジェリアのサカラ、ジュジュ、南アフリカのズールー人のコーラスなど、さまざまな音楽がソーホーのアフリカ系住民向けのクラブやコンサート・ホールで演奏され、レコーディングがさかんに行なわれていました。61年には南アフリカ共和国のミュージカル『キング・コング』のロンドン公演も評判を呼んでいます。

この時期はまた、イギリスの植民地から57年のガーナ、60年のナイジェリア、61年のタンザニア、カメルーン、シエラレオネ、62年のウガンダ、63年のケニア、64年のマラウィ、ザンビア、65年のローデシア（ジンバブエ）などが次々に独立した激動の時期です。67年にナイジェリア東部のビアフラ独立をめぐって起こった戦争と飢餓は、アメリカが深入りしたヴェトナム戦争ともども、国際的に大きく注目されていました。イギリスは元宗主国として戦争の原因の石油利権に大きく関わっていましたから、その戦争は連日のようにニュースを賑わせていました。ポールもジミー・スコットと当然その話もしていたでしょう。ジョンがMBE勲章を返還した理由のひとつもこの戦争でした。

ジミー・スコットは48年にナイジェリアからロンドンにやって来たミュージシャン／俳優です。彼はラテン音楽に強いエドムンド・ロス楽団の打楽器奏者をつとめた後、イギリスのR&B／ロックのパイオニアの一人ジョージー・フェイムのバンドに入ります。ジョージーはプリンス・バスターのレコーディングでオルガンを弾き、64年にスカの「ハンプティ・ダンプティ」をカヴァーするなど、ジャマイカ音楽に早くから注目していた人です。

ジミー・スコットはまた65年にはスティーヴィ・ワンダーのイギリス・ツアーに打楽器奏者として同行し、ローリング・ストーンズの68年の「悪魔を憐れむ歌」のレコーディングや69年のハイド・パーク・コンサートでの同曲の演奏にもジンジャー・ジョンソンらと共に打楽器セクションの一員として参加しました。

3度のレコーディング

「オブ・ラ・ディ、オブ・ラ・ダ」はビートルズの『ホワイト・アルバム』用に3度にわたってレコーディングされました。最初のセッションでは、ジミー・スコットがコンガを叩いています。このセッションのヴァージョンのひとつは後に『アンソロジー3』に収録されましたが、アコースティック・ギターで弾かれる普通のロックのような演奏で、チュクチュク、チカブンなどと聞こえるマラカス風ヴォーカルの遊びを除くと、リズム面でジャマイカ色は感じられません。ヨーコと出会って急速にポール離れしつつあったジョンはこの曲が好きでなかったと言われることが多いのですが、このヴァージョンのイントロやアウトロの叫び声を聞くかぎり、茶化しながらも録音を楽しんでいた瞬間があったようです。

2度目のセッションではジョンが激しくピアノを叩くフレーズをイントロに、レコーディングが進みました。ポールのベースとリンゴのドラムとジョンのピアノによるリズムがジャマイカ音楽らしくなり、ところどころサックスやコーラスや笑い声が入ります。それでも満足できなかったポールは3度目のセッションを試みましたが、うまくいかなくて、結局、2度目のセッションでの録音が発表されています。

ナイジェリア人ミュージシャンの口ぐせとジャマイカ風のリズムを結びつけた理由について、ポールは特に語っていません。この曲の最初のフレーズをポールが思いついたのは次の章でふれるインド滞在中でしたから、もともとスカの曲を作るつもりではなかったと思われます。

マーケットで人気の屋台を出すデスモンドと歌手のモリーが結婚して幸せに暮らすこの歌の物語は、もしかしたらジャマイカの古い曲「リンステッド・マーケット」を意識したのかもしれません。こちらの歌の主人公の女性は、マーケットで何も売れなくて途方に暮れるのですが。なお、歌詞の最後の部分で、ポールはモリーが化粧するという歌詞をまちがえて、デスモンドが化粧するとうたっています。カヴァーする人もみんなそのまちがいを踏襲してうたっています。

ジャンルとして定着

デスモンド・デッカーの「イスラエルちゃん」「アイト・メック」、ジミー・クリフの「ワンダフル・ワールド、ビューティフル・ピープル」、アップセッターズの「リターン・オブ・ジャンゴ」といったジャマイカのアーティストの曲がイギリスのヒットチャートの上位に入ってきたのは69年のことでした。カリブ海出身者が結成したホット・チョコレート・バンドがジョン・レノンの「平和を我らに」をレゲエ風にカヴァーしたシングルも、ジョンが気に入って69年にアップル・レコードから発売しています。ローリング・ストーンズのハイド・パークのコンサートへのジミー・スコットらの参加も含めて、イギリスのポピュラー音楽ファンの目にアフリカやカリブ海出身のミュージシャンの存在が浮上してきた69年は転換点にあたります。後付けで言えば「オブ・ラ・ディ、オブ・ラ・ダ」はその現象の露払い的なヒット曲だったわけです。

この曲は、70年代にフォーリーブスが日本語でカヴァーしてＮＨＫの『みんなのうた』で流れたことがあります。もともと民謡のような発想の歌詞の楽しい曲ですが、日本語の歌詞は結婚して子供が1ダース、デスモンドはモリーの尻にしかれているという、原曲からずいぶん飛躍した内容でした。この曲は2010年代にも再放送されていました。

ユッスー・ンドゥールのヴァージョンは、ホンダのCMの音楽に長く使われていたので、耳にしたことがある人が多いでしょう。彼は西アフリカの国セネガルのスーパースターで、当地では文化観光大臣をつとめたこともあります。彼については1章でもふれました。21世紀のジャム・バンドの雄、フィッシュがこの曲をステージでカヴァーしたことがあるのは、〈ライフ・ゴーズ・オン〉というテーマが、彼らの長い即興演奏向きであるとの判断からでしょうか。

最後に参考までに、2011年の国勢調査ではイギリスの黒人人口は190万人。ミックスと申告した125万人の多くも黒人との混血と推測されています。この年の調査ではアフリカからの移民の人口がカリブ海からの移民をはじめて上回りました。カリブ海のジャマイカのスカ／レゲエ的な音楽はいまではポピュラー音楽の重要なジャンルとして大きな影響力を持っています。2020年にはBBCが『アフロビーツ』という名前で移民を含めたアフリカのアーティストの音楽番組を放送しはじめました。

8 60年代とインド音楽
「ノルウェーの森」「トゥモロウ・ネヴァー・ノウズ」をめぐる章

ロックの定義の更新

1960年代の中頃にジョージ・ハリスンはインドの古典音楽の楽器シタールを弾きはじめました。最初は「ノルウェーの森」の中でちょっと弾いただけでしたが、その後しばらく自分の曲ではギターと同じくらいシタールを演奏していました。ロック・バンドなのにシタール？ 他のメンバーはどう思っていたんだろう。当初はそんな疑問を抱いたことを思い出します。

しかしそれは意味のない疑問でした。60年代はロックンロールがロックへと変貌していった時期ですが、ロックンロールを継承・発展させたロックに最初から決まった型があったわけではなく、ビートルズをはじめとする60年代のアーティストの試みの積み重ねが、そのつどロックの定義を更新していったのです。「エリナー・リグビー」で弦楽四重奏団の演奏を二度重ねて使ったことも然り、「トゥモロウ・ネヴァー・ノウズ」でインド音楽や現代音楽の手法を活用したのも然りです。

コーナーショップ

イギリスに1991年から活動しているコーナーショップという息の長いバンドがあります。街角の店というそのグループ名は、イギリスの都市部の街角によくある雑貨店の名称からとられています。経営者はインド亜大陸からの移民（以後インド系移民と略）であることが多く、バンドのコーナーショップもインド系移民ティジンダー・シンのグループです。

彼らの「ブリムフル・オブ・アーシャ」をDJのノーマン・クックがリミックスしたシングルは98年にイギリスでナンバー・ワン・ヒットを記録しました。これはインドの有名なプレイバック・シンガー（映画のミュージカル場面の吹き替え歌手）アーシャ・ボースレーに捧げた歌でした。また同じ時期に彼らがカヴァーしたビートルズの「ノルウェーの森」は、ポール・マッカートニーもお気に入りだそうです。

「ノルウェイの森」といえば、いまでは村上春樹の小説を思い浮かべる人のほうが多いかもしれませんが、もとはビートルズの『ラバー・ソウル』収録の「ノーウェジアン・ウッド」の邦題でした。しかし原題を直訳すると、ノルウェーの木となって、松材などの白木、もしくはそれを使った家具のことです。そのタイトルの来歴をふまえて台湾の朱頭皮は「挪威的木頭」という曲まで発表しています。

この曲はジョン・レノンが浮気体験をもとに作ったと言われていますが、ノルウェーの家具の部屋で暮らす女性との謎めいたやりとりが描かれています。火をつける、という最後の部分はポールが加えたそうです。

この曲が発表されると、それに影響されてローリング・ストーンズやドノヴァンやザ・バーズが相次いでシタールを使いはじめました。68年には「スパイ大作戦のテーマ」と「ノルウェーの森」をブラス入りアレンジでつなげた珍品もヒットしました。とにかく西洋のポピュラー音楽でシタールを使った最も有名な曲がいまなおビートルズの「ノルウェーの森」であることに変わりありません。

『ヘルプ!』に登場したインド人

ジョージ・ハリスンがインド音楽に興味を持ったのは、映画『ヘルプ!』のインド料理店の撮影時でした。宗教団体に追われて逃げるビートルズがインド料理店に入る場面があり、その店のステージではインド人のミュージシャンが演奏していました。ジョージはこう言っています。

「あらためてインド音楽を聴いてみると、何だか昔から知っているようなサウンドだった。子供の頃、長波と短波が両方入るラジオを持っていたから、インドの古典音楽を聞いたことがあったのかもしれない。とても懐しいような、それでいて不可思議な音楽だった。何だかわからないけど吸い込まれてしまうようなね」（『THE BEATLES アンソロジー』Ｐ１９６）

はじめて『ヘルプ！』を見たとき、ロンドンを舞台にした映画なのに、どうして国籍不明の宗教団体やインド料理店が出てくるのか不思議でしたが、ずっと後にロンドンの繁華街を歩いている人たちの多様な民族構成を見て、なるほどと納得した記憶があります。

イギリスにおけるインド系移民の人口は、51年に13万人弱、61年に21万人弱、66年に32万人弱と増え続けていました（倉田和四生『イギリスのエスニック・グループとその生活機会』Ｐ29）。7章で述べたようにイギリスでは黒人の人口が増え続けていましたが、インド系移民急増の理由もそれと連動しています。アフリカ諸国のイギリスからの独立に伴って、植民地時代に比較的優遇されていた人たちやインド系移民がアフリカを追われ、イギリスはそれを受け入れざるを得ませんでした。つまり帝国の没落がイギリスの人種構成の多様化の直接の原因だったわけです。

63年にリヴァプールからロンドンにやって来たビートルズの目には、街に続々と到着する新しい移民の姿が映っていたはずです。『ヘルプ！』の設定は単なるエキゾティシズムではなく、イギリス社会の最新の現実を踏まえたものだったのです。そういえばP26でふれた映画『イエスタデイ』はビートルズやコカ・コーラが消滅した世界でビートルズの曲をうたって人気を集めるイギリスのミュージシャンの物語ですが、その主人公もインド系の青年でした。

何でもあり

シタールは北インドの古典音楽で使われるかなり大型の弦楽器です。20本前後の弦のうち6〜7弦がメロディ弦、残りは共鳴弦で、独特の倍音の響きや音の減衰の仕方が耳に残るのは、日本の琵琶に通じるところもあります。ジョージ・ハリスンがシタールにひかれたのはどうしてか。たぶん、ロックのギタリストがギターにファズをはじめいろんなエフェクトをかけて作っていた「非日常」で「未知な」音に通じるものが、シタールの響きの中にあったからでしょう。

「ノルウェーの森」のシタールは装飾的な使われ方でしたが、66年の『リヴォルヴァー』の「ラヴ・ユー・トゥ」は、ジョージが最初からシタールの特性を生かして作った曲です。弦楽器タンブーラの通奏音を背景にシタールがテーマを提示する部分（アーラーブと言います）や、北インドの打楽器タブラとシタールのかけ合いの部分は「ノルウェーの森」よりインドの古典音楽に近づいています。歌がはじまるとリンゴ・スターのタンバリンやジョージのファズのかかったエレクトリック・ギターが加わってロック度が増しますが、声のこぶし回しにはインド音楽の唱法が意識されています。殺人的なスケジュールやあらゆる煩わしさから逃れて愛に逃避したいと願う歌詞は、人気の重圧による苦しみから生まれたジョンの「ヘルプ！」よりさらに一歩踏みこんだ内容です。

『リヴォルヴァー』の中で「ラヴ・ユー・トゥ」は、ビートルズの他の曲と違和感なくなじんでいます。というのも、一般的にビートルズのインド趣味はジョージの専売と思われていますが、実は他のメンバーもインド音楽や現代音楽に関心を広げ、それを作品に反映させていたからです。「ノルウェーの森」のシタールもジョージが自分の趣味で弾いたのではなく、弾いてくれと言ったのはジョンでした。「ジョージがシタールを持ってきた時、僕らは、もう何でもありの状態だった」とリンゴは言っています（『THE BEATLESアンソロジー』Ｐ１９７）。

ジョンがインド音楽を参考にひとつのコードで同じメロディだけをくりかえしてうたう「トゥモロウ・ネヴァー・ノウズ」が『リヴォルヴァー』で最初にレコーディングされた曲だったことは、彼らが「何でもあり」だった状態をよく物語っています。歌詞はハーバード大学の心理学教授ティモシー・リアリーらによる『チベットの死者の書　サイケデリック・バージョン』からジョンが思いついたもので、冒頭の「ターン・オフ・ユア・マインド、リラックス・アンド・フロート・ダウンストリーム」はその本の中の文「ホワットエヴァー・イン・ダウト、ターン・オフ・ユア・マインド、リラックス、フロート・ダウンストリーム」からの引用だと、ジョンにこの本を紹介したインディカ画廊の主バリー・マイルスは書いています。インディカは後にジョンがヨーコと出会う画廊でもあります。

『チベットの死者の書』

『チベットの死者の書』はチベット仏教では信者の臨終に際して詠まれる経典です。簡単に言えば人が如来と一体化して解脱するための案内本です。その内容に幻覚剤LSDによる自我離脱体験に通じるところがあったことから、ティモシー・リアリーらは『チベットの死者の書』をLSD体験の指南書にできると考えたのです。ちなみに彼らの本の原題は『サイケデリック・エクスペリエンス：ア・マニュアル・ベースト・オン・ザ・チベタン・ブック・オブ・ザ・デッド』、しっかり「マニュアル」という言葉が入っています。

幼いころから叔母に育てられ、10代で母を交通事故で亡くしたジョンは、欠落感や壊れやすい心を人一倍強い自我に隠してガキ大将を演じ、指導力を発揮してビートルズを成功に導いてきました。しかし人気や名声が心の空白を埋めてくれたわけではなく、悩みを抱えたままいわば本能的に「ヘルプ！」と叫んでいたわけです。

意識が個人の中だけで完結するものではなく、より大きな存在の一部分であるという『死者の書』の主張やLSDの幻覚は、彼には自我のよろいを解き放つ手がかりのように思えたのでしょう。それは心理学者ユングの唱えた集合的無意識という考えにも通じるものです。飛躍の多い歌詞なので、意味の要約は不可能ですが、「トゥモロウ・ネヴァー・ノウズ」が意識の解放を願う歌であることはまちがいないでしょう。

イントロの音のうねりはジョージが弾くタンブーラの音です。最初はこのタンブーラとリンゴのドラムだけの演奏だったそうですが、その後で、次々に音が重ねられました。カモメのように聞こえる音や切り裂くような音はメンバー全員が録音してきたテープを編集して作られており、それはシュトックハウゼンやジョン・ケージなどの現代音楽にのめりこんでいたポールのアイデアでした。同じフレーズをくりかえして作るこの曲の手法は、ビートの感覚こそちがえ、60年代末からのファンクや70年代末からのヒップホップの時代に、リズムのループを強調する形で一般化していきます。

くぐもった歌声は、「何マイルも向うの山のてっぺんからダライ・ラマがうたっているような感じの声にしたい」というジョンの注文にエンジニアが応じたものです。チベットの数千人の僧侶のコーラスを入れたいというジョンの意見は、さすがに却下されたようですが……。

ビートルズがこの曲をレコーディングしたのは66年4月。その年の7月には中国の文化大革命がチベット自治区に波及しました。中国政府にとってチベット「支配」と文化大革命はどちらも封印事項のため全貌は不明ですが、ツェリン・オーセルの『殺劫《シャーチェ》チベットの文化大革命』などによれば、チベット人の紅衛兵がその後何年間にもわたって数千のチベット寺院や仏像を破壊し続けたと言われています。

狂気を通訳したジョージ・マーティン

ところで、いくらビートルズに人気があるといっても、メロディ展開のない「トゥモロウ・ネヴァー・ノウズ」のような常識外れの曲の企画は、当時の並のプロデューサーやレコード会社だったら認めなかったでしょう。メンバーはビートルズを信頼してこの曲の価値を認めたジョージ・マーティンの判断に感謝の言葉を残しています。「あの頃の数年間、ぼくたちはひとつに溶けあっていたと思う。彼は正常な人間として、ぼくたちは狂人として。つまり彼はいつもそばにいて、ぼくたちの狂気を通訳してくれた——あの頃のぼくたちは1週間に数日間はアヴァン・ギャルドだったから。彼がアンカー・マンとしてエンジニアにそれを伝えてくれたんだ」（ジョージ・ハリスンのマーティン評。『メイキング・オブ・サージェント・ペパー』P196）

ジョージ・マーティンのようなプロデューサーがいたからこそ、ビートルズは安心して思い切った実験や遊びを続けることができたのです。幸いなことに彼のいたパーロフォン・レーベルには多様な音楽の価値を認めて発売してきた伝統がありました。『ザ・ビートルズ史・上』にはこういう記述が出てきます（P480）。

「〔パーロフォンの特徴は〕ありとあらゆる種類、タイプ、国籍のバンドやミュージシャンと近しく仕事ができることであった。たとえば、オーケストラからアコーディオン奏者まで、ラテン・アメリカのルンバのミュージシャンからスコットランドのバグパイプ奏者まで〔毎年春にはパーロフォンの録音チームがスコットランドに赴いて、リールやジグといった舞曲やバラッド、バグパイプ・バンドなどをレコーディングしていた〕と、実に多様である。〔中略〕そして若者は、あらゆる楽器や音楽のスタイルを熟知し、年代、宗教、人種、人格〔特に〕にかかわらずすべての歌手やミュージシャンをよく理解して、彼らと一緒に気持ちよく仕事をすることのできる人間に育てられるのである」

ビートルズのよきライバルとして同時期に実験的な音楽を作りはじめたビーチ・ボーイズのブライアン・ウィルソンが、キャピトル・レコードの無理解とのあつれきの中で心身を壊していったのとはあまりにも対照的です。

ラヴィ・シャンカルに弟子入り

ジョージ・ハリスンは、「ラヴ・ユー・トゥ」のレコーディングまでシタールを自己流に弾いていました。しかしこの楽器に強くひかれた彼は、ザ・バーズのデイヴィッド・クロスビーにすすめられてシタール奏者ラヴィ・シャンカルの音楽を知り、ロンドンのインド系住民の団体エイジアン・ミュージック・サークルを介してラヴィに面会し、弟子入りを認められました。

同じ弦楽器の仲間といっても、シタールはギターよりずっと多くの時間をかけて練習しなければ修得しにくい楽器です。それは西洋のクラシックの演奏家をめざす人が修練を積むのと変わりありません。また、シタールの古典音楽は単に楽しみのためというだけでなく、ヒンドゥの教えとも結びついて発展してきたので、その理解も不可欠です。

超多忙な人気者がそんな修行に時間を割ける余裕がないのは最初からわかっていました。ですから「ノルウェーの森」の存在すら知らなかったラヴィは、ジョージから相談されたとき、真剣にやる気があるのかどうか疑ったと自伝に書いています。実際、ギタリストとシタリストの両立の難しさを悟ったジョージは2年ほどでシタール修行を断念しています。

しかし熱意と人柄にほだされたラヴィは、まずジョージのロンドンの自宅で短いレッスンを行ないました。そのとき彼はジョージがシタールをまたいで歩くのをいさめるといったことも含め、楽器の持ち方や弾き方からはじめてインドの古典音楽の基本を教えています。ビートルズがコンサート活動を66年8月に停止すると、ジョージは9月から10月にかけてさっそくインドのムンバイ（ボンベイ）を訪れ、ラヴィの研究所でさらにシタールの研鑽を積みました。

その成果は『サージェント・ペパーズ』の「ウィズイン・ユー・ウィズアウト・ユー」に見られます。そこでの彼はラヴィがラジオ用に作った長い曲をもとに、古典音楽の音階やリズムを意識した演奏を展開しています。

ワールド・ミュージックの先取り

ビートルズの音楽はジョンとポールという年上の強力なソングライターが仕切っていて、ジョージはそれを補う立場にいることが大半でした。インド滞在はそんなバンドの力学からも人気の重圧からも解放された貴重なひとときでした。だからロンドンに戻って『サージェント・ペパーズ』のレコーディングがはじまると、逆戻りしていくようで気が重かったとジョージは語っています。

しかしインド音楽に関するレコーディングなら、他のメンバーもジョージに敬意を払っていました。この曲ではジョージ以外の伝統楽器の演奏をエイジアン・ミュージック・サークルのメンバーが行ない、ロンドン交響楽団のヴァイオリンやチェロ奏者が微妙な音程の演奏を加えました。

ヒンドゥの教えから受けた影響もあるのでしょう、幻想の壁で人と人を隔てる物質文明に疑問を呈し、愛について語った歌詞には彼の人間的な成長や悩みが反映されていました。その思いは他のメンバーにも共有されており、ジョンもこの曲はジョージの最高の作品のひとつだと語っています（『THE BEATLESアンソロジー』Ｐ２４２〜３）。とはいえ、あまり堅苦しく受け取られるのも避けたかったので、曲の最後に人々のざわめきや笑い声をつけ加えたとジョージは語っています。

ＩＴ産業を中心に経済成長を続けている21世紀のインドとちがって、60年代後半のインドの一般的なイメージは、古代文明から引き継いだ神話や宗教や思想、米ソの冷戦に与《くみ》しない非同盟諸国のリーダーといった面で存在感を示していたものの、宗教対立、階級制度、経済格差、貧困、飢餓、感染症などの問題を抱え、混沌としている貧しい開発途上国というもので、インド文化に興味を持つ人は一部の文化人や欧米の一部の若者たちに限られていました。

そんな時代に登場した「ラヴ・ユー・トゥ」や「ウィズイン・ユー・ウィズアウト・ユー」は、西洋のポピュラー音楽のアーティストがインドの古典音楽に、異国趣味や道楽やパロディの対象以上のものとして、敬意を払って取り組んだはじめての試みでした。その姿勢は、シタールを一時使ったものの、続けることがなかった他のバンドとは明らかに一線を画していました。

「ウィズイン・ユー・ウィズアウト・ユー」の後もジョージは「レディ・マドンナ」B面の「ジ・インナー・ライト」や映画音楽『不思議の壁』でインド音楽に取り組んできました。後付けで言えば、ジョージやビートルズは、80年代末に非西洋地域の多様な音楽の要素がワールド・ミュージックと呼ばれて西洋にも広まることを20年以上前に先取りしていたわけです。

現代音楽のミニマル・ミュージックの作曲家で、テクノに影響を与えたフィリップ・グラスは、90年にラヴィ・シャンカルとアルバムも発表していますが、2001年にジョージが亡くなったとき、『ニューヨーク・タイムズ』でこんな追悼の言葉を贈りました。「彼はビートルズという現象のメンバーであったばかりでなく、現代の音楽生活に不可欠な西洋以外の音楽の伝統の重要性を最初に認識したアイコン的な存在だ」

インド行き

「キリスト教から学んだ以上にインドの宗教から学んだことを信じる」にいたった彼はビートルズの他のメンバーにも呼びかけ、1967年8月にロンドンとウェールズで行なわれたマハリシ・ヨギのセミナーに参加します。さらに68年2月にはビートルズは全員でインドのリシュケシュにあるマハリシ・ヨギの施設まで超越瞑想を学びに行っています。その施設ではビーチ・ボーイズのマイク・ラヴやフォーク歌手のドノヴァンも合流しました。

人気絶頂のビートルズのインド行きは、サンフランシスコのヒッピーや、ロックに関心を持つ若者たちの間に、それまでとは比較にならない規模のインド・ブームや東洋ブームを巻き起こしました。ビートルズのインド行きは、おりからの公民権運動やヴェトナム反戦運動から目をそらさせるためという陰謀説まで流れたほどです。

一方で、リシュケシュから戻ったジョンは、マハリシにかけられたセクハラ容疑や、彼の教えが期待したほどのものではなかったことから、「セクシー・セイディ」を作って『ホワイト・アルバム』で発表、インタビューで瞑想への失望を語りました。後にビートルズのメンバーはセクハラ容疑晴らしに協力し、マハリシに詫びるのですが、ヒッピーの脱物質文明志向や東洋思想の流行を快く思っていなかった人たちにとっては、その間の一連の報道はマハリシ叩きの好材料であり、インド文化に対するビートルズの関心に疑念を抱かせるものでもありました。

困ったことにビートルズの人気と型破りな言動は、当人たちの意図とはかかわりなく、マスコミによって増幅して報道され続けました。序章でふれたように、まだコンサート・ツアーを続けていた66年にジョン・レノンがイギリスの若者の間ではビートルズがキリストより有名だと新聞記者に語った言葉は、ビートルズがキリストを侮辱していると曲解されて広がり、アメリカ南部では極右団体のＫＫＫがコンサートを実力で阻止すると予告。ビートルズのレコードの焼却運動も起こりました。

それにくらべると記者会見でヴェトナム戦争に反対したり、コンサート会場の客席の人種隔離に反対したりしても、発言が報道される機会は多くありませんでした。ジョンとヨーコが結婚にあたって平和のメッセージをベッド・インという形のイベントにした

インドのマハリシ・ヨギの元を訪れたメンバーたち

ときの反応は、彼らが全裸写真を公開したことと も重なって、有名人の奇行として揶揄され、当惑で迎えられました。完成度が高いとは言えない映画『マジカル・ミステリー・ツアー』や初期のアップル・レコードとアップル・ブティックの無計画な迷走も、ビートルズ叩きの恰好のネタでした。その反応には「たかがポップ・スターだから」「たかがポップ・スターが」という人気芸能人に対する既成メディアや人々の伝統的な差別の眼差しと嫉妬が含まれていました。

SNSの限界やフェイク・ニュースの跋扈を体験ずみのいまでは理解しやすいと思いますが、まっとうな発言がそのまま受け入れられるとはかぎらないのがこの世界の現実です。それでもジョージ・ハリスンは「ラヴ・ユー・トゥ」や「ウィズイン・ユー・ウィズアウト・ユー」を、ジョン・レノンは「愛こそはすべて」や「平和を我らに」を発表せずにはいられませんでした。その行為を人気者の道楽と批判してすませられるのは、自分は無謬だと思っている人くらいでしょう。

ゴッドファーザー、ラヴィ

ジョージとラヴィ・シャンカルの信頼関係はジョージがシタールを学ぶことを止めてからも続きました。71年にラヴィに相談されたジョージは、建国直後のバングラデシュが見舞われた水害救援の大規模なチャリティ・コンサートを行ない、「バングラデシュ」を全米ナンバー・ワン・ヒットにして、ロック・ミュージシャンの大型慈善活動の先例を作りました。70年代と90年代には2人で共同のアルバムも発表しています。

なお、ラヴィ・シャンカルはビートルズによって世界に紹介されたと思っている人がいるようですが、そうではありません。少年時代からダンサーとして兄のグループに参加して世界を回っていた彼は、30年代に北インドの古典音楽のシタール奏者として頭角を現わし、55年にはサタジット・ライ（レイ）監督の映画『大地のうた』の音楽を担当。60年にはインド文化交流使節団の団長として初来日しています。『大地のうた』は60年代後半に日本でも劇場公開され評判を集め、彼と西洋のクラシックやジャズのミュージシャンとの交流も、それなりに話題になっていました。

とはいえ彼がロック・ファンに知られたきっかけがビートルズとの出会いや67年開催のモンタレー・ポップへの出演だったことは確かです。少しけれん味のある明快な彼の演奏はインド古典音楽になじみのない人たちにも受け入れられやすいものでした。

ビートルズのシタール使用はドラッグ体験と結びついた音の万華鏡とでも言うべきサイケデリック・ロックの幕開けを告げるものでした。しかしラヴィはドラッグの流行には批判的で、69年のウッドストックに出演するころには、インドの古典音楽がドラッグ・カルチャーと結びつけられる風潮を憂慮していました。

ジョージ・ハリスンが亡くなった翌年の2002年に行なわれた追悼公演「コンサート・フォー・ジョージ」では、ラヴィの曲が娘のシタール奏者アヌーシュカ・シャンカル指揮のインド系ミュージシャンのオーケストラやエリック・クラプトンによって捧げられました。

ラヴィはそのDVDに寄せた言葉でジョージを自分の息子のように思っていたと語っています。一方、ジョージはラヴィを「ワールド・ミュージックのゴッドファーザー」

と呼んでいたそうです。なお、ラヴィがアメリカに残した娘がシンガー・ソングライターのノラ・ジョーンズであることはごぞんじの方も多いでしょう。

9 ふたつのアップルの半世紀

「ストロベリー・フィールズ・フォーエヴァー」をめぐる章

係争を繰り返した両者

いまではアップルという名前の会社といえば、iPhoneやアップル・ミュージックの会社を思い浮かべる人がほとんどですが、かつてアップルといえばビートルズが1968年に設立した会社のことでした。

設立当初のアップルの事業は、ビートルズのメンバーに経営感覚が欠如していたので、さんたんたるものでしたが、彼らの旧友ニール・アスピノールが中心になって事業を整理。現在は持ち株会社のアップル・コアとビートルズ関連のCDや配信を管理するレコード会社が、ビートルズの音楽を時代をこえて届けていく役割を果たしています。

コンピュータ会社のアップルの創業者の一人スティーヴ・ジョブズがビートルズやボブ・ディランなどの音楽のファンであったことはよく知られています。新製品発表のイベントのヴィデオで彼がビートルズの音楽の流れる会場にさっそうと登場する映像をごらんになった方もあるでしょう。いったん会社を追われていた彼がアップルに戻り、97年に「シンク・ディファレント」というキャッチ・コピーを使い、iMacで会社のイメージを一変させたとき、アインシュタインやマハトマ・ガンジーらと共にジョン・レノンとヨーコ・オノの写真を使った広告も話題になりました。

しかしビートルズのアップルとコンピュータ会社のアップルは、最初から仲がよかったわけではありません。それどころか70年代から30年近くも係争をくりかえしていました。コンピュータ会社の名前は、スティーヴ・ジョブズが有機栽培のリンゴ園で働いていたことをふまえてつけられたのですが、1978年にビートルズのアップル・コアから商標権の侵害と訴えられたのです。

1981年にいったん和解し、ビートルズ側はコンピュータ機器を作らない、アップルは音楽関連の製品を販売しないと約束しましたが、アップルが91年に音楽ファイルを再生する機能をマックに搭載したことや、2003年にiTunesミュージック・ストアを立ち上げたことでこじれてしまいます。

その問題は、2007年にアップルがアップル・コアに5億ドル支払って名前の使用権を買い取り、アップルの名前を使う権利をアップル・コアにライセンスするという形でようやく決着します。さらに２０１０年には念願のビートルズの音源がiTunesでも配信されるようになりました（ウォルター・アイザックソン『スティーブ・ジョブズⅡ』Ｐ２１１〜２、３６４）。

モノクロからカラーへ

スティーヴ・ジョブズとビートルズを結びつける重要な曲が傑作「ストロベリー・フィールズ・フォーエヴァー」です。

この曲がはじめてラジオから流れてきた日のことをぼくはいまでもよく覚えています。メロトロンのイントロから、ジョン・レノンの歌がはじまり、リンゴのドラムが色彩感豊かに出たり入ったりし、ブラスバンドやストリングスが忍びこんできて、ジョージ・ハリスンがインドから持ち帰った弦楽器の音に句読点を打たれながら歌が進み、一度フェイド・アウトして終わったかと思うと、再びフェイド・インしてきて、フリー・ジャズ的に終わっていくところまで、音の流れに意識が未知の世界にさらわれていくようでした。その前のシングル「イエロー・サブマリン／エリナー・リグビー」である程度免疫ができていたとはいえ、「ストロベリー・フィールズ・フォーエヴァー」はモノクロ映像がカラーの3Dに変わったくらい印象が異なっていました。

当時、英語の歌詞がよくわかったわけではありません。しかし、何ひとつ現実味がない、こだわるものもない、生きて行くのは簡単だ、目を閉じてごらん、見えるものはすべて誤解だ……などなど、断片的な言葉尻は耳に飛び込んできましたから、曲が進むにつれて厚みを増してくる夢見心地なサウンドともども、この歌が幻想や認識にまつわる歌らしいことはわかりました。

それでいてこの曲の背景のひとつにLSDによるサイケデリックな体験があることや、幻覚体験そのものについては知識がありませんでしたから、〈いちご畑よ永遠に〉とはどういうことなのだろう。いいなあ、一年中食べられるいちご畑があれば、とわれながら牧歌的な疑問や感想を抱いたことも思い出します。

曲のタイトルのストロベリー・フィールズはリヴァプールでジョン・レノンが育った家の近くにある救世軍の孤児院の名前から取られています。少年時代のジョンは友だちとその庭でよく遊んでいました。施設に隣接する公園では毎年夏にガーデン・パーティがあり、救世軍のブラスバンドが演奏するのをジョンは楽しみにしていました。この曲

スティーヴ・ジョブズとビートルズの深い縁

にはその要素も加味されています。

イギリスはブラスバンドの音楽のさかんな国で、『ブラス！』という映画が作られたほどです。また、この曲の延長線上に生まれたアルバム『サージェント・ペパーズ・ロンリー・ハーツ・クラブ・バンド』に描かれた架空のバンドもブラスバンドという設定です。勤め先の会社のブラスバンドでチューバを吹いていた祖父を持つポール・マッカートニーも、ブラスバンドは自分の音楽のルーツのひとつと語っています。

完成までに5週間

66年8月にコンサート・ツアーを止めた後、ビートルズのメンバーは3か月の休みをとりました。過密スケジュールとグループ行動の束縛から解き放たれた彼らには、自分自身と向き合い、一人の人間として世間を俯瞰的に眺め直す時間が生まれました。

ジョン・レノンは『ア・ハード・デイズ・ナイト』や『ヘルプ!』の監督リチャード・レスターの映画『ジョン・レノンの 僕の戦争』に出演するためスペインに向かい、ジョージ・ハリスンは念願のインドに長期滞在して、シタールの師ラヴィ・シャンカルに面会。ポール・マッカートニーは、映画『ふたりだけの窓』の音楽をジョージ・マーティンと担当し、フランスやケニアで休暇をとり、リンゴ・スターは新しい邸宅への引っ越しに追われていました。

「ストロベリー・フィールズ・フォーエヴァー」はジョンがスペイン滞在中、撮影の合間に着想を得た作品で、その段階ではストロベリー・フィールズという言葉はまだ使われていませんでした。曲作りの途中か、それとも作ってからかわかりませんが、どこかの段階でジョンとポールはリヴァプールの少年時代を反映した曲を作ろうという話をしたようです。しかし彼らが単に懐古的な作品を作るはずがなく、ストロベリー・フィールズは、少年時代の縁《ゆかり》の場所の名前を借りて、さまざまな夢想とLSDの幻覚体験が重なる場所として描かれています。歌詞が、ニコス・カザンザキスの『リポート・トゥ・

グレコ』やルイス・キャロルの『鏡の国のアリス』やヒンドゥー教の教えの影響を受けているという説もあります。

この曲の制作のプロセスについては、プロデューサーのジョージ・マーティンやエンジニアのジェフ・エメリックが詳しく語っていますが、プロデューサーによると、完成までに断続的に5週間、合計45時間ほどかかっています。60年代前半までのポピュラー音楽のレコーディングは1曲1時間、長くても数時間だったのですから、とんでもない数字です。

演奏をステージで再現する必要がなくなったビートルズは、バンドのヒット曲はかくあるべしという暗黙の規範を無視して、誰もやっていない音楽を作ろう、そのためなら時間も努力も惜しまないと意気込んでいました。

ポピュラー音楽の現場では、経済効率を度外視しようとすると、普通ならプロデューサーやレコード会社に止められたり却下されたりします。人気があればあったで、安全策をとって、前回売れたのと同じような柳の下のどじょうを狙うのが音楽業界で、アーティストもそれに倣いがちです。

現在の人気グループとちがって、レコード発売の間隔を長めにあけたりすると、たちまち人気が下がると思われていた時代でした。コンサート活動をやめたので、世間では解散のうわさが絶えず、ビートルズは落ち目だという人も少なくありませんでした。しかしあふれんばかりのアイデアを持ち寄った飛ぶ鳥を落とす勢いのビートルズを止める力はプロデューサーにもレコード会社にもありませんでした。

オリジナリティと創造性

「ストロベリー・フィールズ・フォーエヴァー」のテイク1として発表されている音源は、シングルで発表されたものと構成も演奏もちがいます。演奏はシンプルなバンド・サウンドで、ジョンの歌声はなまなましく、歌は〈君を連れて行かせて〉からではなく〈生きていくのは簡単だ〉というフレーズからはじまります。ジョージ・ハリスンのスライド・ギターやビーチ・ボーイズのようなコーラスも入ります。このヴァージョンをレコーディングした瞬間、スタジオにいた全員、傑作が生まれる現場に立ち会っていることを実感したと回想しています。

しかしそれは入口に過ぎませんでした。録音したものを家に持ち帰ってスタジオに戻ってくるたびに、ジョンとポールは改善案を山のように携えてきたとプロデューサーは回想しています。以後、ジョージ・ハリスンがインドから持ち帰った楽器スワルマンダルのソロ、ブラスやストリングス、コーダに使われた即興のセッションなどが次々に録音されていきました。4トラックしかないテープ・レコーダーに録音したものをもう一台のテープ・レコーダーにまとめて、追加の録音に備えるなど、エンジニアはその対応に追われました。

最終的に、ゆったりとして瞑想的なテイク7と、熱狂的なテイク20、ふたつのヴァージョンにまとめられ、そのどちらかを使うことになりました。ところが選ぶのに迷ったジョンは「どちらも好きだから、ふたつをくっつけよう」と言い残してスタジオを後にします。残されたスタッフは、キーもテンポも音質も異なるふたつのテイクをまとめあげなければなりませんでした。幸い加工すればなんとかなって、この曲は1分を過ぎたあたりでテイクが変わります。

サイケデリック・ロックの概念を開花させたと言われるこの曲は、スタジオでテープ・ダビングを重ねたせいで音に独特のくぐもりがあり、リズムにも半世紀以上を経た歳月を感じさせますが、それがヴィンテージなよさでもあると言えるでしょう。アナログ時代ならではのテンポの微妙な揺れがかえってこの曲の幻想的な雰囲気を強めています。どうして鳴らしたのかわからないような細部の音まで含めて、現在ではコンピュータやシンセサイザーを使えばもっと短時間でこの曲に似た音楽を作れますが、この原曲の音の響き、深み、厚み、色彩感を再現することは不可能です。

ジョージ・マーティンが後に「ポップ・ミュージック界において、これ以上オリジナリティと創造性に富んだ作品は、今もなお生まれていない」（『メイキング・オブ・サージェント・ペパー』P37～8）と断言したのも、あながち関係者の手前みそとは言えないと思います。

強い共感

この曲やジョン・レノンに強い共感を示したのが前述のスティーヴ・ジョブズです。

ジョンとスティーヴの間には驚くほど共通点があります。55年2月24日、スティーヴはシリア系の父とドイツ系の母の間に生まれましたが、母の父親は結婚に反対で、すぐにカリフォルニアのジョブズ家に養子に出され、理解のある養父母のもとで何不自由なく育てられました。ジョンは両親が離婚して4歳からおばのミミに愛されて育ちました。

2人とも意志の強い生意気な性格で、学校の規律にとらわれない少年時代を過ごしました。ジョンが60年代中期にインドやチベットの思想に興味を持ったように、スティーヴはインドを放浪し、後に禅の教えに傾倒しました。自意識のあり方を知りたくてLSDに手を出したことも共通しています。

「LSDはすごい体験だった。（中略）LSDを使うとコインには裏側がある、物事には別の見方があるとわかる。（中略）おかげで、僕にとって重要なことが確認できた。金儲けではなくすごいものを作ること、自分にできるかぎり、いろいろなものを歴史という流れに戻すこと、人の意識という流れに戻すこと。そうわかったのはLSDのおかげだ」（『スティーブ・ジョブズⅠ』P83）

「金儲けではなくすごいものを作ること」という言葉は、ビートルズが既成概念にとらわれない情熱を音楽作りに注ぎこんだことを思わせます。それは彼らが人々の求めているものを、マーケティングによってではなく、本能的にとらえる感覚を持っていたからでしょう。

60年代後半、若者たちが社会変革を求めて行動し、ヒッピーたちが愛と平和を夢想してフラワー・パワーと呼ばれた時期はあっという間に過ぎ去っていきましたが、カウンター・カルチャーの動きの中心地だったカリフォルニアには70年代に入っても残り香が漂っていました。軍需産業への投資から派生した技術革新はやがてカリフォルニアのシリコンバレーのエレクトロニクス産業を開花させますが、そこで働きはじめた人たちにはカウンター・カルチャーを体験した人たちも当然含まれていました。

ビートルズが音楽活動を通じてイギリスの階級社会の常識とは異なる価値観の登場を世界に告げたように、スティーヴ・ジョブズは巨大システムの管理の道具と考えられていたコンピュータを個人のネットワーク作りの道具に変えるという夢に身を投じていきました。

「ヒッピーとは何か、考えてみてくれ。昔からある、さまざまな含みのある言葉だけれど、私にとっては60年代から70年代初頭にかけて起きた現象だ。（中略）私はあの頃に青春時代を過ごしたから、いろんなことを目の当たりにした。（中略）あの時のきらめきが、日常生活で目にする以上のものの存在に気づかせてくれた。仕事や家庭、ガレージに車が2台あることやキャリア以上の何かが、人生にはあるんだということをね。（中略）ソローであれ、インドの神秘主義者であれ、誰であれね。ヒッピーのムーブメントにはそんな要素が少しあって、人々はその正体を知りたがった。人生とは、必ずしも自分の親がやっていることがすべてではないと」（『スティーブ・ジョブズ　1995

ロスト・インタビュー』P88〜90）

空想は現実より素晴らしい

初期のビートルズのレコーディングでは、選曲や曲の構成をプロデューサーのジョージ・マーティンが指示していました。「最初のころは私が先生で彼らが生徒のような関係だった」とジョージも語っています。しかし、ヒット曲が続くにつれてビートルズの発言力が増し、ジョージは複雑なアレンジを具体化する重要な役割を任されたにもかかわらず、「最後には主客転倒して（中略）彼らが私を指図する立場に立っていた」のです（『耳こそはすべて』P194）。

すでに述べたように、ビートルズの「ストロベリー・フィールズ・フォーエヴァー」は、バンドとレコード会社の力学がせめぎあう中で、才能と技術を結集して生まれた曲です。ファンが聞きやすいものにしようという配慮はもちろんあったでしょうが、この時期以降のビートルズにとっては、特にこの曲の場合ジョンにとっては、想像したものを音楽にしていく過程そのものがそれ以上に重要でした。

後年、ジョージ・マーティンがニューヨークのダコタ・アパートにジョンをたずねてキッチンで語り合ったとき、ジョンがこう言ったので、仰天したといいます。「なあ、ジョージ、もし機会があったら、全部レコーディングし直しただろうな。（中略）〈ストロベリー・フィールズ・フォーエヴァー〉は特に」と。ジョージはそれを受けてこう続けています。「ジョンにとって、空想はいつだって現実より素晴らしかった。（中略）それが彼の人生だった」（『メイキング・オブ・サージェント・ペパー』P38）

音楽にかぎった話ではありませんが、優れた芸術家は、どんな時代でも、社会的な制約と創造力の相克を体験しながら活動してきました。領主の気まぐれから消費者の好みへ、配慮しなければならない相手や技術は時代や土地によって異なりますが、その意味で「ストロベリー・フィールズ・フォーエヴァー」は、昔から芸術家が歩んできた轍《わだち》に連なる作品のひとつです。普遍的な成り立ち方をしているので、時代が変わっても新しくも古くもならないのです。

スティーヴ・ジョブズはその原理をアップルのコンピュータ作りの原則に読み替えて語っています。彼は会社組織内政治のバランスをとりながら想像力と技術をすり合わせて製品を世に出す過程と「ストロベリー・フィールズ・フォーエヴァー」の制作過程に共通点を見ていました。

「ビジネスの手本はビートルズ」

伝記作者のウォルター・アイザックソンに、「ストロベリー・フィールズ・フォーエヴァー」のセッションのテイクを収録した海賊盤のCDをかけながらスティーヴはこう語っています。

「これは複雑な歌で、何ヵ月も行ったり来たりしながら完成させてゆくクリエイティブなプロセスには本当に心を打たれるよ。（中略）みんな完璧主義者で、とにかく何度も何度もやり直すんだ。このことに、僕は30代で強い印象を受けた。彼らがどれほど真剣に取り組んだのかがわかってね。録音と録音のあいだにも、さまざまな作業がおこなわれている。何度でも繰り返し、少しずつ完璧なものにしていったんだ。（中略）アップルでの物作りも、同じような方法を取ることが多い。（中略）大変な作業ではあるけど、繰り返すうちにだんだんと良くなり、最後は、こんなのいったいどうやったんだ⁉　ネジはどこに行った⁉　って具合になるんだ」（『スティーブ・ジョブズⅡ』P210〜1）

スティーヴは音楽を作ったジョン・レノンとちがって、コンピュータやソフトを自分で作ったわけではなく、ビジネスマンです。彼はビートルズに大きな影響を受けていましたが、それをいつもビジネスに還元しようとしていました。

「ビジネスの手本はビートルズだ。4人が互いのマイナス面を補い合っていた。うまくバランスが取れていて、全体としては個々を足した以上のものとなる。ビジネスも同じだ。大きなことは一人ではなし得ない。人と人が組み、チームとなってこそ偉業を成し遂げられる」(「60 minutes」2003年での発言)

毛利元就の三本の矢みたいな話です。ここではビートルズの音楽や存在は、ビジネスのたとえ話として利用されているに過ぎません。経営者としての彼の才能に異議をさしはさむつもりはありませんが、アップルの共同創設者となるスティーヴ・ウォズニアックと青春時代に夜を徹してビートルズやボブ・ディランについて語り合ったのは、それだけではなかったでしょうから、そういう言葉ももっと残しておいてほしかった気がします。

スティーヴ・ジョブズと、ときにはライバルときには友人関係にあったマイクロソフトのビル・ゲイツは、共にビートルズの「トゥ・オブ・アス」にお互いの関係を投影して聞いていました。「きみとぼくにはこの先に続く道よりずっと長い思い出がある」という部分を意識したのでしょう。スティーヴは2007年のビルとの共同インタビューでこの曲にふれていました。ビルも2016年のネット・インタビュー「無人島に持って行く8枚のレコード」の冒頭にこの曲をあげ、スティーヴの思い出を語っています。

もうひとつ、スティーヴの残した言葉を引用しておきましょう。「人生で起きることの大半は、ボブ・ディランかビートルズの歌にある」（2007年「オール・シングス・デジタル（D5）カンファレンス」での発言。アラン・ケン・トーマス編『スティーブ・ジョブズ　自分を貫く言葉』P127）

⑩ ビートルズはなぜ4人組か
「アイ・アム・ザ・ウォルラス」「ゲット・バック」をめぐる章

ハンブルクでは5人組

ローリング・ストーンズはデビュー直前まで6人で活動していました。しかしデビューしたときは5人組でした。どうしてかごぞんじでしょうか。

ローリング・ストーンズをこわもての荒々しいイメージで売り出そうとしたマネジャーが、ルックスの可愛いピアニストはグループに似合わないし、6人もいるとファンが写真を見ても覚えられない、という理由でメンバーから外してしまったからです。

マネジャーもマネジャーなら、条件をのんだメンバーもメンバーだと思いますが、そういう伝説が残っています。

ではビートルズはなぜ4人組だったのでしょう。

デビュー前、ハンブルクのクラブに出演しはじめたころ、ビートルズは5人組でした。

しかし演奏が得意ではなく、バンド内での立場が微妙だったスチュアート・サトクリフが、絵画の世界に戻るために脱退したことで4人組になり、さらにパーロフォンからデビューするにあたって、ドラマーが入れ替わって、ジョン、ポール、ジョージ、リンゴという顔ぶれが揃いました。

たらればの話をしても仕方ありませんが、もしスチュアートのベースの腕前がもう少しよければ、美術学校でジョンの親友だった彼が残ったまま5人組だったかもしれません。

というわけで結果的にビートルズは4人でデビューしたわけですが、1人多いローリング・ストーンズとくらべても、ギター2人、ベース、ドラムという基本の楽器編成は同じです。補足しておくと、ストーンズの場合はメンバーから外されたピアノ奏者が引き続きサポート・メンバーとして活動し続けましたし、ビートルズもおりにふれてキーボードを使い、『レット・イット・ビー』のレコーディングの途中でビリー・プレストンをゲストに迎えたことがあります。

大所帯のバンドの場合は管楽器や弦楽器や各種打楽器が加わることがありますが、大半のロック・バンドは、このギター、キーボード、ベース、ドラムの中から楽器を選択して、基本のリズムやサウンドを作っています。

ビートルズが影響を受けた人たちもみんなそうでした。初期のエルヴィス・プレスリーはギター、ベース、ドラムに本人のアコースティック・ギターという編成でステージに立っていました。チャック・ベリーはバンドを持たず、本人のギターと出演先の用意するベース、ドラムと一緒に、ときにはキーボードも加えて演奏していました。リトル・リチャードやファッツ・ドミノらR&B色の強いアーティストは管楽器を含む大きな編成でうたっていましたが、ジャズ系のバンドとちがって、管楽器中心というわけではありませんでした。バディ・ホリーが結成していたクリケッツの、彼を含めてギター2人、ベース、ドラムという編成は、ビートルズに影響を与えました。

西洋古典音楽の弦楽四重奏団のような厳格な楽器の決まりはありませんが、少ない人数で効率よくロックンロールを演奏するための標準的な形として、前記の楽器を使う4、5人編成のバンドが1950年代末から60年代はじめにかけての時期に定着していきました。ビートルズは音楽的にも人間的にも成長を共にしてきた気心の知れた仲間同士でその「標準編成」のロックンロールの可能性に賭けたわけです。

電気的なサウンド

プロデューサーのジョージ・マーティンは、ビートルズをデビューさせるにあたって、最初はクリフ・リチャードとシャドウズのように、誰かリーダーを決めて、他のメンバーがバックに回るようなグループとして売り出すことを考えました。内心ではポールを中心にするつもりだったようです。しかしメンバー全員の魅力的なパーソナリティやリヴァプールのキャヴァーン・クラブでの彼らのライヴを観た後、「グループはグループとして残るべきだ」と考えを改めました（『耳こそはすべて』P182〜4）。

彼の判断は、いまとなっては当たり前のように思えますが、先見の明のあるものでした。ビートルズが参考にしたクリケッツですら、バディ・ホリーが中心で、他はバックのミュージシャンだったからです。ビートルズの研究者マーク・ルイソンはこう書いています。

「ビートルズのようなグループは、そもそも、存在しなかったのだ。三人のギタリスト（筆者注・正確には一人はベーシストですが）とドラマーで、三人ともフロントに立ってリード・ボーカルとハーモニーをこなし、曲まで作ってしまうグループ……そう言ってしまうと単純明快だが、前例がなかったのだ。ジョージ・マーティンの、リード・ボーカリストの名を出さずグループ名だけで売り出すという決断もまた、前例のない決断だった」(『ザ・ビートルズ史・下』P479)

ビーチ・ボーイズのような例外がありましたが、60年代はじめの数年間、ビートルズが進出するまでのアメリカのヒット・チャートはポップ・アイドルやポップなR&Bの全盛期で、エレクトリック・ギターは多くの曲で使われていても、ギターのサウンドを前面に出した曲はけっして多くありませんでした。だからギター・サウンドと多彩なヴォーカルがひとつにまとまった音楽を携えて登場してきたビートルズには、ノヴェルティ的な側面もあり、ファンが「しびれた」のは、音楽やルックスのよさはもちろんですが、ビートのきいた電気的なギター・サウンドでした。

放送禁止された「危険な」エレクトリック・ギター

電気楽器は、当初はギターやピアノやオルガンを模して、酒場や客席の喧騒に負けない音量を出せる楽器として作られました。しかしエレクトリック・ギターの開発や演奏はすぐに、音量調節だけでなく、サウンドを加工する機能拡充に向かい、自然界にはなかった未知な音色が生まれてきます。それまでのジャズやポップのベテラン・ミュージシャンの複雑で流麗な名人芸ではなく、人工的な音で広がった可能性を生かす音楽作りがそこからはじまりました。

ビートルズがリヴァプールやハンブルクで活動をはじめた60年前後は、エレクトリック・ギターをめぐる実験がいろいろ試されていた時期です。有名な例としてリンク・レイの58年の曲「ランブル」があります。この曲の暴力的に歪んだエレクトリック・ギターの音は、スピーカーのコーンに穴をあけて作られたそうですが、青少年の喧嘩を助長するという理由で、いくつかの放送局で放送禁止扱いを受けました。アメリカの音楽史上、器楽曲として放送禁止されたのは、後にも先にもこの曲だけと言われています。「ランブル」のタイトルはギャングの争いを意味するスラングに由来するものでした。しかしこのタイトルでも映画音楽のオーケストラ演奏だったら、フィクションとして受け入れられ、放送禁止にされることはなかったでしょう。それだけエレクトリック・ギターの未知のサウンドは、ロックンロールの不良イメージに短絡的に結びつけられやすく、アーティストの風貌ともあいまって、それまでの楽器演奏の常識とは異なり、タイトルがあたかも現実であるかのような想像をかきたてたのです。

未知との遭遇といえば、50年代末から60年代前半にかけて、宇宙をイメージさせる音としてエレクトリック・ギターがよく使われました。人工衛星をモチーフにしたトーネイドーズの「テルスター」が有名ですが、アストロノウツ（宇宙飛行士）、スプートニクス（人類初の人工衛星）など名前からして宇宙関連のグループもありました。日本ではエレキの代名詞とされてきたヴェンチャーズも『イン・スペース』という宇宙もののコンセプト・アルバムを発表しました。これらの作品は企画物的なノヴェルティとして消費されていきましたが、その新奇さは音色の追求というエレクトリック・ギターの本質と不可分のものでした。

ビートルズの「アイ・フィール・ファイン」のイントロのギターのフィードバック・ノイズは、そうしたエレクトリック・ギターの試みの延長線上にありました。それ以前には単なる雑音として退けられていたハウリング・ノイズからヒット曲がはじまるのは前代未聞のことで、音楽表現の概念をノイズにまで広げたこの試みは、ジミ・ヘンドリックスをはじめとする無数のギタリストに継承され、ロックのサウンドを定義し直し続けることになります。この未知の音の中にファンは現在の、あるいは来《きた》るべき時代の足音を聞いていたのです。

電気エネルギー時代の象徴

ごぞんじのとおり、現代社会は電気エネルギーによって支えられています。その源には石油や石炭や水や風、あるいは原子力が存在しています。しかし電気そのものはわれわれの目には見えません。電気代を払っているから電気の存在を確認できるという笑い話がありますが、ふだんは家電製品を介してわれわれは電気にふれています。

というよりわれわれの生活はいまでは何から何まで電気の恩恵にあずかっているわけですが、それはとりもなおさず誰もが巨大なエネルギー供給システムにつながっているということでもあります。言い方を変えれば、システムに依存し、しばられているとも言えます。工場の機械がたてるノイズやエレクトリック・ギターの響きやスマホの通知音は、その巨大なシステムの存在を顕在化させるつぶやきのようなものです。

アメリカの科学史家で技術システムに詳しいT・P・ヒューズは『電力の歴史』の中でこう書いています（P14）。

「電力システムは、それを建設した社会がもつ物質的、知的、象徴的資源を具象化したものなのだ」

日本の研究者も似たようなことを言っています。

「『電化』とは目に見える世界に立ち現れる技術的な行為ではなく一人ひとりの生活様式や価値観にまで踏み込んだ、文化的な概念だと思うのだ」（『にっぽん電化史』Ｐ３）

50年代にエルヴィス・プレスリーが登場したとき、電気に関わるのは拡声装置とスコッティ・ムーアのエレクトリック・ギターだけでした。リンゴ以外の３人が電気楽器を持っていたビートルズは、電気依存度の次元が格段にちがいました。中期以降の彼らは、ギターの音楽を追求するだけではなく、キーボードや歌声の加工やコラージュや録音技術までを含めて、電気を使う音楽の可能性を次々に広げていきました。

アメリカの作曲家アーロン・コープランドは「60年代のことを知りたいのなら、ビートルズの音楽を聞くのがいい」と語ったそうですが、彼らの影響は60年代にとどまりません。ヘヴィ・メタルや実験的な即興音楽の轟音からコンピュータとシンセサイザーだけで作るダンス・ミュージックや宅録の弾き語りまで、いまもポピュラー音楽のほとんどが、機材の種類こそちがえ、ビートルズとその時代に生まれてきた音楽制作の枠組みを構造的に組みこむ形で成立しています。

ジョージ王朝時代の技術者ジェイムズ・ウォーカーは、リヴァプールとマンチェスター間に蒸気機関車による鉄道が開通したとき、蒸気エネルギーがもたらす影響についてこう述べたそうです。

「かつて〈迅速〉とされたものはいまや〈鈍重〉となり、〈遠方〉とされてきたものは〈近所〉になった。私たちの観念や感覚に起きたこの変化は、リヴァプールとマンチェスター周辺に限られたものではなく、社会全体に伝播していくだろう。迅速という考えは、最初こそ蒸気機関車について言われたものだが、程度の差こそあれ、やがて生活の各方面や人間関係にまで影響を及ぼすようになるはずだ」（『エネルギー400年史』P182）

まさにそのリヴァプールから登場したビートルズが、「生活の各方面や人間関係にまで影響を及ぼす」電気エネルギーの時代を象徴するような音楽を作り続けたのは何という偶然でしょう。

既成の価値観が問われた時代

60年代後半は、東西の冷戦の舞台が直接対決からアフリカやアジアの新興独立国での代理戦争に移行していった時期です。西側諸国では程度や時期のちがいこそあれ、経済成長が続き、大量生産による生活の画一化から情報で多様な欲望を作り出して消費する社会への変質がはじまります。その中でヴェトナム反戦運動、パリの五月革命、アメリカの都市部の暴動などが起こり、差別の撤廃や少数者の権利回復を求める社会変革運動が活発化し、公害に対する環境保護の運動が生まれてきます。ビートルズの音楽は東側の若者たちにも衝撃を与え、ソ連では当局の無関心ゆえに規制の及ばなかったアンダーグラウンドなロック界に68年にロシアのビートルズと呼ばれるマシーナ・ヴレーメニ（タイム・マシーン）が登場します。同年の官製の民主化の動きがワルシャワ条約機構軍に鎮圧されたチェコでは翌年「ヘイ・ジュード」のカヴァーを含むマルタ・クビショヴァーのアルバムが禁止され、やがて彼女は芸能活動からも追放されます。

全世界衛星中継された「愛こそはすべて」をはじめとするビートルズのサイケデリックな音楽は、たとえ夢でしかなかったとしても、その時期の変革の賛歌であり、既成の価値観がさまざまな角度から問われた60年代後半の社会の鏡像でした。彼らの作品の中でも特に謎めいた「アイ・アム・ザ・ウォルラス」を見てみましょう。

この歌は時間をかけて少しずつ作られたもので、クオリーメン時代の仲間のピート・ショットンによれば、少年時代からジョンが遊びでうたっていた言葉も含まれているそうです。歌詞の中の黄色いカスタード以下の数行です。「夢の歌だから、たいした意味はない。わざと語呂のいい言葉を並べただけで、シリアスな解釈をするのは滑稽だ」とジョンは語っています。それまでにもさんざん誤解にさらされ続けてきた彼らしく、同じような立場のボブ・ディラン風の曖昧な歌にしたとも語っています（『THE BEATLESアンソロジー』P273）。

ぼくは彼だ、君が彼であるように、君がぼくであるように、われわれはみんな一緒だ、という冒頭の歌詞は、LSDを体験したとき聞こえたパトカーのサイレンのリズムに合わせて浮かんできた言葉だそうですが、60年前後のフォーク・ソング・リヴァイヴァルでよくうたわれていた南アフリカに伝わる民謡「マーチング・トゥ・プレトリア」の歌詞にもよく似ています。

主人公をせいうち（ウォルラス）にしたのは、愛読書だったルイス・キャロルの『不思議の国のアリス』の「せいうちと大工」の詩に基くもので、イギリス式庭園にせいうちがいるイメージが好きだったからだそうです。ジョンはポールの作る童謡めいた歌をあまり評価しませんでしたが、この曲の言葉遊びはマザー・グース的な童謡の伝統に連なるものです。良い子ぶったポールの作品とちがって、ブラック・ユーモア的ではありますが、2人がやっていたことは表裏一体でした。

他にも詩人のアレン・ギンズバーグのハレ・クリシュナへの思い入れを揶揄した部分もあれば、末尾のグーグー……という意味のないコーラスは、ジェイムス・ジョイスの『フィネガンズ・ウェイク』に似たフレーズがあると言う人もいます。間奏と末尾の部分にはBBCラジオの放送が挿入されていますが、それはジョンの求めに応じてスタジオに持ちこまれたラジオでたまたま放送されていたシェイクスピアの『リア王』の一部分です。ジョンは引用部分の科白《せりふ》に格別の意図をこめたわけではないと言っていますが。

銃から逃げる豚、血の火曜日、一列に坐る警官、空飛ぶルーシー、死んだ犬の目、ポルノの尼僧、笑いかけるジョーカー、エッフェル塔、エドガー・アラン・ポーなど、この歌に並んでいる言葉は「語呂のいい言葉を並べただけ」と言うにはあまりにも意味ありすぎます。きっかけはLSDの幻覚だったのかもしれませんが、歌にまとめるときまで幻覚状態だったわけではないでしょう。「せいうち」や「エッグマン」は誰のことかという詮索はジョンの言うとおり意味がないとしても、心理学者なら彼の心の動きをテーマに論文が書けそうな歌詞です。

66年8月のコンサート活動休止後、ビートルズはゆるやかに解体に向かって歩みはじめていました。コンサート活動を精力的にマネジメントしていたブライアン・エプスタインが67年8月に睡眠薬の過剰摂取で亡くなったことも、ビートルズの未来に不安な影を投げかけました。うがちすぎかもしれませんが、それから1か月後にレコーディングされた「アイ・アム・ザ・ウォルラス」の冒頭の歌詞には、失われていくビートルズの結束力への無意識の郷愁も反映されていたような気がしてなりません。

「彼らはお互いに属している」

ビートルズの結束力の強さについては、多くの関係者が語っているとおりなのでしょう。プロデューサーのジョージ・マーティンはこう見ていました。「彼らは一緒に名声を高め、その結果、不動の４人組となった。彼らのような経験をした者はほかにいなかったし、理解する者もいなかった。彼らはたがいの存在から強い刺激を受けていたようだった。４人はある種の愛、たがいを励まし合う気持ちで結ばれていた。完全な統一体はひとつひとつを合計していったものよりも強いという実例である」（『メイキング・オブ・サージェント・ペパー』Ｐ１０６）

彼らが結束したのは、世界一のグループをめざして地方都市からロンドンや世界に飛び出した自分たちを守り、人気にまとわりつく雑事を振り払って、目標に邁進するためでした。仲間内ではいさかいもありましたが、無名時代から共有してきた夢や体験の記憶、よりよい音楽を作ろうとする情熱が彼らをつなぎとめていました。ジョージ・ハリスンは『ビートルズ・アンソロジー』の映像で、レコーディングや映画撮影やコンサート・ツアーに明け暮れる喧騒と混乱の日々は、グループでかばいあっていたから乗り越えられたと語っていました。

作曲家でニューヨーク交響楽団の指揮者だったレナード・バーンスタインは、娘たちとビートルズをテレビで見た印象を後年こう書いています。

「リンゴは、すてきな役者だった。ジョージは、神秘的な未完の大器だった。しかし、ビートルズはやはりジョンとポール、聖ヨハネと聖パウロだった。この2人がビートルズを聖なる高みに引き上げ、永遠のものとしたのである。（中略）とはいっても、2人では単にちょっとした才能でしかなかった。4人というのが肝心だった。4人の相互依存ぶりは驚くべきというか、ある面で呆れるほどであった。人は、誰でも『64歳になったとき』、本当にこういう支えを必要とするのだろうか？」（1979年10月9日、ジェフリー・ストークス『ビートルズの時代』序文）

「アイ・アム・ザ・ウォルラス」が作られたころのジョンの妻のシンシアやジョージの妻のパティは、夫の関心がいつも自分よりビートルズに強く向けられていると感じていました。ハンター・デイヴィスの『ビートルズ・下』にはこの時期の彼女たちのせつない感想が収録されています（P239、289）。「私が欲しいのはビートルズの人がいない休日だわ」（シンシア）、「彼らはみんな一つのものの部分なのだと思います。結婚したてのときには、私はそれが分りませんでした。彼らはみんなお互いに属しているのです」（パティ）

このパティの発言は、「ぼくは彼で……」というフレーズそのままではないでしょうか。

青春物語の終わり

『レット・イット・ビー』として発表されているアルバムのセッションは、「ゲット・バック」をテーマにはじまりました。その少し前、ジョージ・ハリスンがアップル・レコードのためにプロデュースしたジャッキー・ロマックスの「サワー・ミルク・シー」のレコーディングにポールもミュージシャンとして参加していたのですが、「ゲット・

バック」という言葉はその曲のコーラスに出てきた言葉です。『レット・イット・ビー』の映画は、ビートルズ解体の記録映画だと言われ、ポールとジョージが一触即発のやりとりをする場面も出てきますが、同じ時期に彼らは依然として協力しあい、刺激を与えあっていたわけです。

映画のために撮影された56時間のフィルムを新たに編集し直した映画『ザ・ビートルズ：Get Back』が２０２1年11月に公開されます。この本の執筆時点ではごく一部しか公開されていませんが、そこには『レット・イット・ビー』よりはるかに陽気に振る舞うビートルズの姿が映っています。

「ゲット・バック」のレコーディングは逐一記録されており、完成するまでの過程をこと細かにたどることができます。右翼的な政治家がパキスタンからの移民を攻撃するニュースを見て、ジョンが提案した歌詞のヴァージョンも残っています。元いたところに戻れ、とうたわれるメッセージには、右翼の政治家が移民に向けた言葉を反語的に使用する意図もありました。その言葉はまた、解体しつつある自分たちに向けて、若いころのように顔を突き合わせて演奏しようと促す言葉でもあったでしょう。

登場人物名がジョジョなので、ジョンは片時も離れなくなったヨーコと自分にポールがあてつけたと思っていたようです。辛辣な言葉を交わしたとき、どこまで助言や冗談として許容できるのかは、関係性にもよります。次々に立ちはだかる壁を壊して進んでいたころ、若い4人は喧嘩をすることがあってもそれ以上に強い信頼関係で結ばれていました。しかし齢を重ね、コンサート活動を止め、伴侶をみつけ、関心の対象がちがってくれれば、肩を寄せ合って暮らしていたときと同じではいられません。それでも音楽を介した絆の強さが残っていたことは、ポールの指図に嫌気がさしたジョージが何日もスタジオに戻らなかったとき、この曲でジョンが弾いた印象的なギターから感じられます。

映画『レット・イット・ビー』の最後の場面、後戻りできないことを知りながら「戻れ！」と叫ぶ歌をアップル・レコードの屋上で彼らが見事に演奏する姿は、かなわない夢の置き土産のようです。『ビートルズ・アンソロジー』のDVDには、4人が生まれてから解散するまでの歩みが淡々と描かれていて、稀有な青春物語が終わっていく淋しさが、観終わった後に一服の清涼感と共に押し寄せてきます。

ヴァーチャルなバンドと幻の聴衆

ソングライターと歌手が分業制だった時代には、作品は独立したもので、聞き手はアーティストがそれを演じる演じ方を評価していました。スタンダードの「雨に唄えば」や「ビギン・ザ・ビギン」に、それをうたうアーティストの素顔や内面や歩みを重ね合わせて聞く人は多くありません。

しかし自作自演の時代に入ると、歌手が作品を演じることに変わりはないのに、歌手と作品を重ねて聞く人が増えてきました。ビートルズにも「ブラックバード」や「イエロー・サブマリン」をはじめ汎用性のある曲は少なくありませんが、「アーティストが素顔のアーティストを演じる」様子に聞き手が関心を寄せるようになったぶん、ポールがジョンの息子ジュリアンをはげます「ヘイ・ジュード」やタイトルからしてそのものの「ジョンとヨーコのバラード」に見られるように、フィクションにおける現実味のあり方が変質してきました。メイキング映像やセミ・ドキュメンタリー・タッチの映画が氾濫する現在から振り返ればわかりやすいと思いますが、ビートルズの60年代の3本の映画がいずれも「ビートルズがビートルズを演じる」映画だったことは象徴的です。

大観衆の歓声の壁に向かって演奏を続けたビートルズの孤独と、ひとりで音楽を聞いている無数の聴衆の孤独は、複製メディアが介在する現代の音楽のあり方の鏡の裏表です。「エリナー・リグビー」に登場する老女や神父の孤独は誰にとっても他人事ではありません。それでもビートルズは想像上の共同性を夢見て、自分たちの成長と共に作品に内面の悩みや幻想、世の不条理に対する意見をしのびこませていきました。

コンサート活動を休止した翌年の67年に彼らは『サージェント・ペパーズ』を発表します。ライヴの聴衆の前で生まれ育ったビートルズは、青春時代からの思い出を共有してきた４人組として結束する必要がなくなって、ヴァーチャルなバンドが幻の聴衆に向かって演奏するという理想の劇を演じていました。それは素晴らしく、悲しみに満ちたアルバムでした。

1967年に発表された『サージェント・ペパーズ・ロンリー・ハーツ・クラブ・バンド』

アルバム最後の曲「ア・デイ・イン・ザ・ライフ」の主人公は、新聞で悲劇のニュースを読んでもなぜか笑ってしまい、会社に遅れそうだとあわてて支度してバスに飛び乗り、二階の座席で夢想にふけります。T・S・エリオットの詩「荒地」に比較されたこの主人公の心のさまよいは、現代のメディア社会に暮らす誰もが多かれ少なかれ体験していることでもあるでしょう。この曲の最後の長い轟音は、そのまま通奏低音としていまの社会にも鳴り響いています。

おわりに

はじめてビートルズを聞いたのはラジオでした。高校1年生のとき、曲は「プリーズ・プリーズ・ミー」。番組名は忘れましたが、イギリスからすごい人気グループが出てきたと紹介されていました。イギリスとアメリカの音楽の区別もさして気にしていなかった当時、その曲はすぐにピンときませんでしたが、しばらくして「抱きしめたい」を聞いたとき、言葉にできない熱量を感じたことを覚えています。いまにして思えば、演奏のグルーヴやそれに見合った粗削りな歌声から、メロディと美声に重点が置かれていたそれまでの洋楽のヒット曲にはない魅力を感じたのだと思います。

アメリカで人気が爆発した64年には、ラジオで初期の曲が時系列に関係なくたくさんかかりました。「ロング・トール・サリー」や「ロックンロール・ミュージック」のカヴァーからは、オリジナルを聞いたことがなかったのに、古い音楽という印象を受けました。しかし同じカヴァーでも「プリーズ・ミスター・ポストマン」や「ツイスト・アンド・シャウト」からは古さを感じませんでした。原曲自体が60年代に入ってから発表されたものだったこともあるでしょう。そうした音楽の延長線上に作られた「シー・ラヴズ・ユー」を聞いて、彼らの音楽への関心は感心へと変わりました。その曲の伝播力の強さは、コーラスのイェイイェがすぐに世界各地で同種の音楽の代名詞になっていったことが証明しています。

65年前後のボブ・ディランの音楽もそうでしたが、ビートルズはシングル盤ごとに、次々に表情の異なる音楽を発表し続けました。そこにはいつも常識から逸脱する戯れがあり、「わ、こんなことまでやってもいいの?」という驚きと、「次はどんなことをやるの?」という期待の連続でした。わくわくする快活な音楽がふと見せるかげりも印象に残りました。後追いで確認したアルバムには、ヒット曲よりさらに複雑で過激な遊びが含まれていました。

公民権運動、ヴェトナム反戦運動、羽田闘争、プラハの春、パリ五月革命、ビアフラ戦争、学園闘争など、世界史的な事件が来るべき時代に向けて続いていた60年代の真っ只中をビートルズとその音楽は変化し、成長しながら駆け抜けました。そして激動の60

年代が終わると、なるようになれとばかり『レット・イット・ビー』を発表して解散しました。ちょうどぼくがロック雑誌で働きはじめたころのことで、解散の知らせを聞いて、はしごの先が消えたような思いでした。ともあれビートルズがいなかったらそんな仕事についていたかどうか。

早いものでそれから半世紀余りの歳月が流れました。その間にぼくの仕事は、世界各地のさまざまな音楽――ワールド・ミュージックやグローバル・ミュージックと呼ばれています――にまで広がってきました。その体験を生かしてこの本では、彼らの音楽をロックやポップスより少しだけ広い視点で聞き直すことにしました。取り上げた曲は数が限られ、有名曲もあればあまり知られていない曲もありますが、どの曲もビートルズの世界を構成する重要な曲であることに変わりはありません。

先人の研究のおかげもあって、60年代にビートルズの音楽を聞いていても気づかなかった部分が21世紀のいまは聞こえるようになっています。彼らが活動していた風景も以前より広い角度と深度で見えるようになってきています。いまさらビートルズでもあるまいという人もいます。しかし創造性や自由や抑圧をめぐってビートルズの音楽と存在が投げかけた問は、情報が世界を支配する21世紀のいま、ますます重みを増しているように思えます。この本はそれをお伝えしたくて書いたようなものです。この本がビートルズの音楽を愛する人たちに少しでもお役に立てれば幸いです。

21世紀に入ってから若者の洋楽離れが進んでいると言われています。表面的には確かにそうでしょう。しかし日本の音楽は洋楽抜きに語ることができません。たとえばビートルズの影響がはっきりしているものをあげるだけでも長いリストができます。

60年代には東京ビートルズのようにビートルズを日本語でカヴァーしたグループがありました。66年の来日後にはビートルズの影響を受けてグループ・サウンズのブームが起こりました。グループ・サウンズの多くはライヴではヒット曲とは別にビートルズをはじめとする洋楽のロックを好んで演奏していました。

当初大人の反応は、長髪が不潔、騒音に過ぎない、子供だましなどなど、一過性の流行で終わるだろうというものがほとんどでした。しかし長髪ひとつを例にとっても、ビートルズの影響はすぐに確実に広がっていきました。スパイダースで60年代後半のグループ・サウンズ・ブームを牽引したかまやつひろしは、ビートルズのモノクロ写真が秘めているビートニクの美学に気づき、彼らの音楽が革命的なものであると確信していました。日本で初のミリオンセラーとなったフォーク・クルセダーズの自主制作曲「帰って来たヨッパライ」の音作りは、ビートルズの影響を受けたものでした。

吉田拓郎は「ビートルズが教えてくれた」とうたい、井上陽水は「少年時代」（平井夏美との共作）や「WHY」「TOKYO」などビートルズを意識した曲をいくつも作ってきました。チューリップやキャロルはビートルズの影響を公言していましたし、杉真理《まさみち》をはじめビートルズ・マニアなミュージシャンを数え上げればきりがありません。日本のロックの基礎を築いたはっぴいえんどの名作『風街ろまん』のジャケットはビートルズを意識したものでした。中島みゆきのようにビートルズと縁がなさそうな人でさえ、短編小説「もう一人のmiss M.」で、学生運動が崩壊していった70年代を舞台に、自分の分身と思える女性に「フール・オン・ザ・ヒル」をうたわせていました。

RCサクセションは名曲「トランジスタ・ラジオ」の中で、サンフランシスコやリヴァプールからの音楽のメッセージが空にとけていったとうたっていました。竹内まりやは小学4年生のときビートルズの音楽と出会い、後に「マージービートで唄わせて」を作りました。同時代に登場した小説家の村上龍は『69 sixty nine』で「一九六九年、この年、東京大学は入試を中止した。ビートルズはホワイトアルバムとイエローサブマリンとアビーロードを発表……」と書き、村上春樹は「ウィズ・ザ・ビートルズ With the Beatles」で「ビートルズの音楽は僕らの周囲を隈無く取り囲んでいたのだ。まるで綿密に貼られた壁紙のように」と書いています。

その後もつんくの『A HARD DAY'S NIGHT つんくが完コピーやっちゃった ヤァ！ヤァ！ヤァ！ VOL.1』、X-JAPAN の YOSHIKI がジョージ・マーティンをプロデューサーに起用した『Eternal Melody』、ビートルズの複数の曲からの引用をちりばめた奥田民生の「リー！リー！リー！」や Puffy の「これが私の生きる道」、桑田佳祐のソラミミ風刺版テレビ番組『アベーロード』、NHK教育テレビの番組で放送されたグッチ裕三の「ビールトス」、タイトルを複数借りているミスター・チルドレンの「トゥモロウ・ネヴァー・ノウズ」、ほぼ日Pによる初音ミクの「ビートルズなんか知らない」、やはりボーカロイド音楽のプロデューサーとして注目を集めた後、ソロで成功した米津玄師の「Neighbourhood」など、ビートルズを意識した作品は20世紀末から21世紀に入っても途切れずに登場しています。King Gnu の常田大希は、中学時代にビートルズの音楽と出会い、60年代後半のサンフランシスコのサイケデリック・ロックから大きな影響を受けたそうです。

ビートルズの音楽はレコードが普及していた国ならどこにでも紹介されました。ナイジェリア盤やインド盤のアナログは、いまもマニアに喜ばれています。ブラジルのカエターノ・ヴェローゾ、ジルベルト・ジルらの『トロピカリア』のように『サージェント・ペパーズ』の影響を受けたアルバムとして世界のビートルズ・ファンに敬愛されている作品もあります。公的には歓迎されなかった国でも、たとえばロシアの評論家アルテーミー・トロイツキーは『ゴルバチョフはロックが好き?』で「すべてはビートルズから始まった」「彼らはロシア人にちがいない」と書いていたほどです。

20世紀後半以降のポピュラー音楽をビートルズ抜きに語ることはできません。『エキゾチック・ビートルズ』『パワー・トゥ・ザ・ポップ』など、ビートルズのカヴァー曲や影響を受けた音楽の編集アルバムは、長年にわたってどんなアーティストよりも多く発売され続けています。

この本を書くにあたって、ビートルズの歩みは基本的に次の本を参考にしました。まずハンター・デイヴィスがメンバーと関係者に取材して人気絶頂期の68年に出した公認の伝記本『ビートルズ』(草思社)です。増補版(河出文庫)には初版とは筆致が異なる回想が追記されています。細部に訂正が必要なところもありますが、音楽関係者ではない筆者が同時代に俯瞰的にまとめた本として重要な資料です。

データ面でそれを補足できるのはメンバーと関係者の証言をまとめた『THE BEATLES アンソロジー』（リットーミュージック）と、マーク・ルイソンの『ザ・ビートルズ史　誕生』（河出書房新社）です。共に大部な専門書なので誰にでもおすすめとは言えませんが、現時点でこの2作以上に詳細な本はありません。後者の第一部の翻訳は約1500ページを費やして62年までの記述で終わっています。二部は現時点ではまだ出版されておらず、気の遠くなるような話です。

ジョージ・マーティンは自伝の『耳こそはすべて　ビートルズ・サウンドを創った男』（河出書房新社）と『メイキング・オブ・サージェント・ペパー』（キネマ旬報社）で、レコード作りに立ち会ったプロデューサーの視点からビートルズについて詳しく語っています。彼の部下のエンジニア、ジェフ・エメリック他の『ザ・ビートルズ・サウンド　最後の真実』（河出書房新社）も、エンジニアの立場からレコーディングの様子を詳細に証言しています。

ネットの記事では主に beatlesbible.com や songfacts.com を参照しました。引用元の確認が必要なものもありますが、関係者の証言がさまざまなメディアから集められていて便利です。ビートルズの物語には、人々の願望によって作られてきた伝説や神話がすでにかなりの割合で含まれていて、その神話を読み解くのも楽しい体験でした。

前記以外の数多くの関連書籍、ビートルズ好きの友人・知人、妻から教わったことも少なくありません。新書執筆の機会と助言を与えてくれた編集部の安河内龍太さん、校閲の加地麻子さんをはじめ、この本を完成に導いてくれたすべての方々と読者のみなさんにこの場を借りてお礼を申し上げます。

２０２１年８月

主な参考文献

『ビートルズ』ハンター・デヴィス著、小笠原豊樹／中田耕治訳、草思社、１９６９年　本書の引用ページは２０１０年版（河出文庫）による
『増補完全版　ビートルズ・上下』ハンター・デイヴィス著、小笠原豊樹／中田耕治訳、河出文庫、２０１０年
『THE BEATLESアンソロジー』ザ・ビートルズ・クラブ監修翻訳、リットーミュージック、２０００年
『ザ・ビートルズ史　誕生・上下』マーク・ルイソン著、山川真理／吉野由樹／松田ようこ訳、河出書房新社、２０１６年
『耳こそはすべて　ビートルズ・サウンドを創った男』ジョージ・マーティン著、吉成伸幸／一色真由美訳、１９８０年（クイックフォックス社）、１９９２年（河出文庫）、２００２年（河出書房新社）
本書の引用ページは２００２年版による
『メイキング・オブ・サージェント・ペパー』ジョージ・マーティン著、水木まり訳、キネマ旬報社、１９９６年
『ザ・ビートルズ・サウンド　最後の真実』ジェフ・エメリック／ハワード・マッセイ著、奥田祐士訳、河出書房新社、２０１６年
『イエスタデイ――ポール・マッカートニー　その愛と真実』チェット・フリッポ著、柴田京子訳、東京

書籍、１９８９年
『ポール・マッカートニー　メニー・イヤーズ・フロム・ナウ』バリー・マイルズ著、竹林正子訳、ロッキング・オン、１９９８年
『ビートルズ』ジュリアス・ファスト著、池央耿訳、角川文庫、１９７２年
『ビートルズ革命』ジョン・レノン著、片岡義男訳、草思社、１９７２年
『コロンブスからカストロまで　カリブ海域史、一四九二―一九六九・(I)(II)』E・ウィリアムズ著、川北稔訳、１９７８年（岩波現代新書）、２０１４年（岩波現代文庫）　本書の引用ページは２０１４年版による
『Liverpool and the Slave Trade』Anthony Tibbles著、Liverpool University Press、２０１８年
『Redburn』Herman Melville著、１９４９年
『ビートルズ神話　エプスタイン回想録』ブライアン・エプスタイン著、片岡義男訳、新書館、１９７２年
『アイリッシュ・ソウルを求めて』ヌーラ・オコーナー著、茂木健／大島豊訳、大栄出版、１９９３年
『わが心のジョージア　レイ・チャールズ物語』レイ・チャールズ／デイヴィッド・リッツ著、吉岡正晴訳・監修、戎光祥出版、２００５年
『ビートルズはここで生まれた　聖地巡礼from London to Liverpool』藤本国彦著、CCCメディアハウス、２０１８年
『アイリッシュ・ハートビート　ザ・チーフタンズの軌跡』ジョン・グラット著、大島豊／茂木健訳、

音楽之友社、２００１年
『Trans-Atlantic Slave Trade Database』ウェブサイト
『Black And British: A Forgotten History』David Olusoga著、Pan MacMillan、２０１７年
『数奇なる奴隷の半生――フレデリック・ダグラス自伝』フレデリック・ダグラス著、岡田誠一訳、法政大学出版局、１９９３年
『Roots, Radicals and Rockers: How Skiffle Changed the World』Billy Bragg著、Faber & Faber、２０１７年
『ポップ・ヴォイス　スーパースター１６３人の証言』ジョウ・スミス著、三井徹訳、新潮文庫、１９９５年
「Steel Pan Music in Britain, 1950-1970」Danny Friar著、ウェブサイト『Mas Media-Leeds Carnival Blog』２０１７年10月10日掲載
『Black Music in Britain: Essays on the Aflo-Asian Contribution to Popular Music』edit. by Paul Oliver、Open University Press、１９９０年
『City of Spades』Colin MacInnes著、HarperCollins、１９５７年
『イギリスのエスニック・グループとその生活機会』倉田和四生著、ウェブサイト、１９９６年
『殺劫　チベットの文化大革命』ツェリン・オーセル著、藤野彰／劉燕子訳、集広舎、２００９年
『スティーブ・ジョブズ・ＩⅡ』ウォルター・アイザックソン著、井口耕二訳、講談社、２０１１年
『スティーブ・ジョブズ　１９９５　ロスト・インタビュー』「スティーブ・ジョブズ　１９９５」MOVIE

PROJECT編、講談社、2013年
『スティーブ・ジョブズ　自分を貫く言葉』アラン・ケン・トーマス編、長谷川薫訳、イースト・プレス、2011年
『電力の歴史』T・P・ヒューズ著、市場泰男訳、平凡社、1996年
『にっぽん電化史』橋爪紳也／西村陽編、都市と電化研究会著、日本電気協会新聞部、2005年
『エネルギー400年史　薪から石炭、石油、原子力、再生可能エネルギーまで』リチャード・ローズ著、秋山勝訳、草思社、2019年
『ゴルバチョフはロックが好き?　ロシアのロック』アルテーミー・トロイツキー著、菅野彰子訳、晶文社、1991年
『ビートルズの時代』ジェフリー・ストークス著、宮崎尊訳、草思社、1981年

北中正和　1946年奈良県生まれ。京都大学理学部卒業。音楽評論家。東京音楽大学講師。著書に『ロック史』（立東舎文庫）『毎日ワールド・ミュージック』（晶文社）『にほんのうた』（平凡社）など。

Ⓢ新潮新書

922

ビートルズ

著者　北中正和《きたなかまさかず》

2021年9月20日　発行

発行者　佐藤隆信

発行所　株式会社 新潮社

〒162-8711　東京都新宿区矢来町71番地
編集部(03)3266-5430　読者係(03)3266-5111
https://www.shinchosha.co.jp

装幀　新潮社装幀室

印刷所　株式会社光邦

製本所　株式会社大進堂

ISBN978-4-10-610922-5 C0273